森友

ごみは無いのに、なぜ、8億円の値引き

環境ジャーナリスト
青木 泰 著

イマジン出版

口絵１　森友学園——瑞穂の國記念小學院校舎建設中　撮影：外山麻貴

17年2月。森友学園への国有財産（土地）の格安払い下げが、全国的な話題となった直後の学校建設の様子。校舎の基礎工事の際、掘削され、１年余り積み上げられていた土壌は、ほぼ片づけられている。

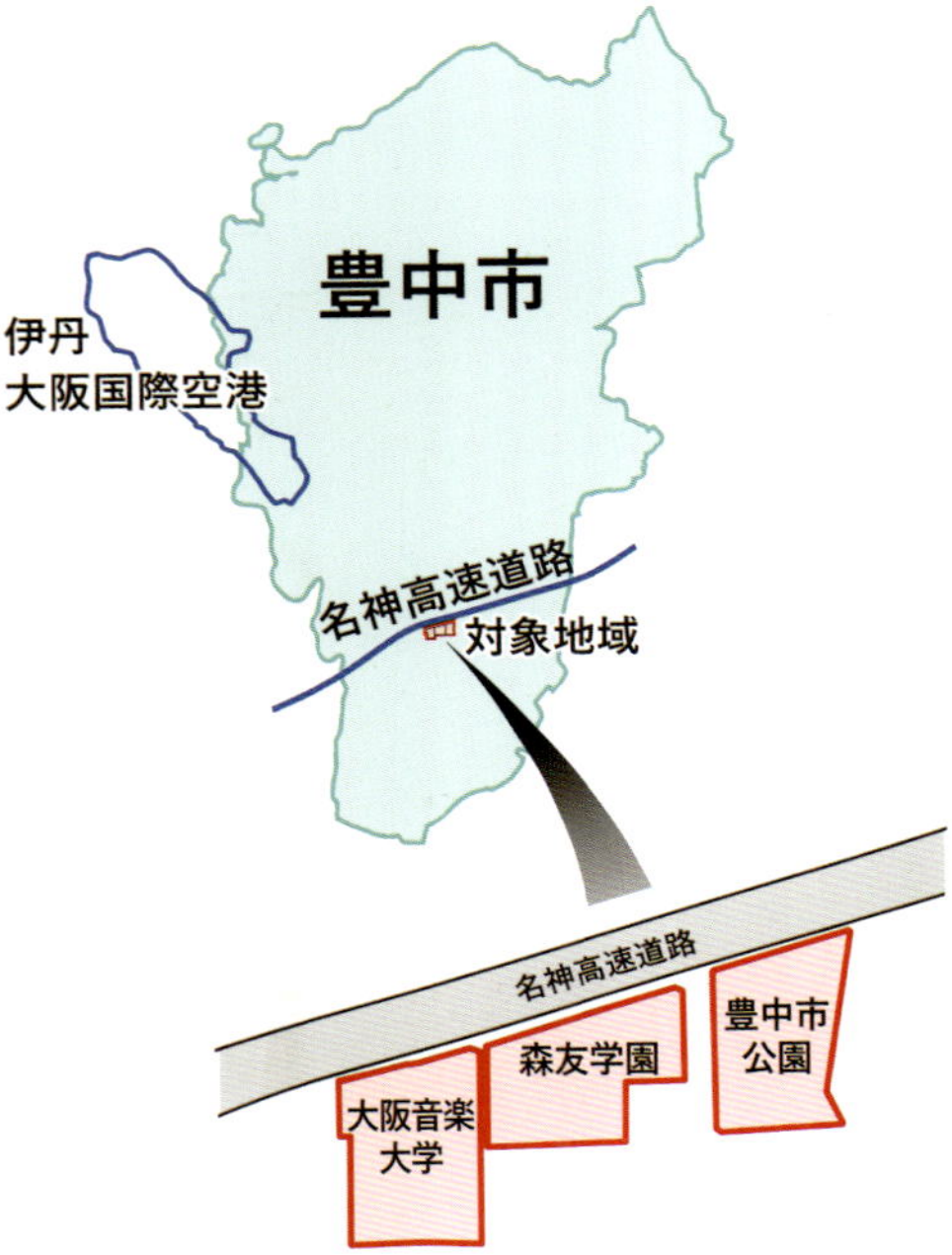

口絵2　学園用地周辺

学園用地は、豊中市の南側、野田町に所在。伊丹国際空港の滑走路の延長上にあり、もと住宅地を国交省大阪航空局が、騒音防止対策のために買い上げに入った地域。現況は、東側は豊中市の公園、西側は大阪音楽大学、北側は名神高速道路が走る。

口絵3　隣接する市有地は10倍の値段（航空地図）

もともと同じ住宅跡地の履歴を持つ土地を、東側半分は豊中市が14億2300万円、西側半分は森友学園が1億3400万円で払い下げを受ける。地図で見てもほぼ同じ大きさの土地なのに10倍の値段差がついた。

新聞　2017年（平成29年）2月9日　木曜日　14版　社会　38

大阪の国有地　学校法人に売却
金額非公表　近隣の1割か

財務省近畿財務局が学校法人に払い下げた大阪府豊中市内の国有地をめぐり、財務局が売却額などを非公表にしていることが分かった。朝日新聞が調査したところ、売却額は同じ規模の近隣国有地の10分の1だった。国有地の売却は透明性の観点から「原則公表」とされており、地元市議は8日、非公表とした財務局の決定の取り消しを求めて大阪地裁に提訴した。

売却されたのは、豊中市野田町の約8770平方㍍の国有地。近畿財務局が2013年6～9月に売却先を公募し、昨年6月に大阪市内で幼稚園を営む学校法

ら、1999年の旧大蔵省理財局長通達で原則として公表するとされている。だが、財務局は取材に「学園側から非公表を強く申し入れられた。公表によって学

に売った土地の東側にも、国有地（9492平方㍍）があった。財務局が10年に公共随契で豊中市に売ったが、価格は約14億2300万円。森友学園への売却額の約10倍とみられる。ここは公園として整備された。

森友学園が買った土地には、今春に同学園が運営する小学校が開校する予定。籠池理事長は憲法改正を求めている日本会議大阪の役員で、ホームページによると、同校は「日本初で唯一の神道の小学校」とし、教育理念に「日本人としての礼節を尊び、愛国心と誇りを育てる」と掲げている。同校の名誉校長は安倍晋三首相の妻・昭恵氏。

非公表「強く求めず」

籠池氏は取材に「（非公表を）強く求めていない。はっきりではないが、具体的な売却額は財務局が出したと記憶している」としている。昭恵氏には安倍事務所を通じて質問状を送ったが、回答は届いていない。

財務局「土地の個別事情で」

朝日新聞の調べでは、近畿財務局は14～16年度、森友学園と同じ公共随意契約で計36件の国有地を売却。このうち35件は売却額を開示している一方、森友学園への売却分だけを非公表とした。8日に提訴した豊中市の木村真市議(52)は「異常な扱いだ。訴訟では、背景に何があるのか見極めないといけない」と述べた。

財務局が森友学園に売った国有地は、国土交通省大阪航空局管理の未利用地だった。路線価に基づく国有財産台帳の台帳価格は12年時点で8億7472万円、13年時点で7億6302万円。一方、国有財産特別措

理官は、財務局は減額対鑑定士がって売却学園への有地、あの間に大とについ事情を踏が何かは

近畿財務局による国有地の売却先と価格

ののちゃん　作・いしいひさいち　6952

口絵4　朝日新聞（17年2月9日）掲載記事

森友学園への国の売却価格は非公表。登記に書かれていた1億3400万円は、周辺価格の10分の１。非公表の取り消しを求めた木村市議の訴えを受けて、朝日新聞が報道。森友学園の名誉校長は首相夫人。国は、格安払い下げの理由は語らず、疑念が広まった。

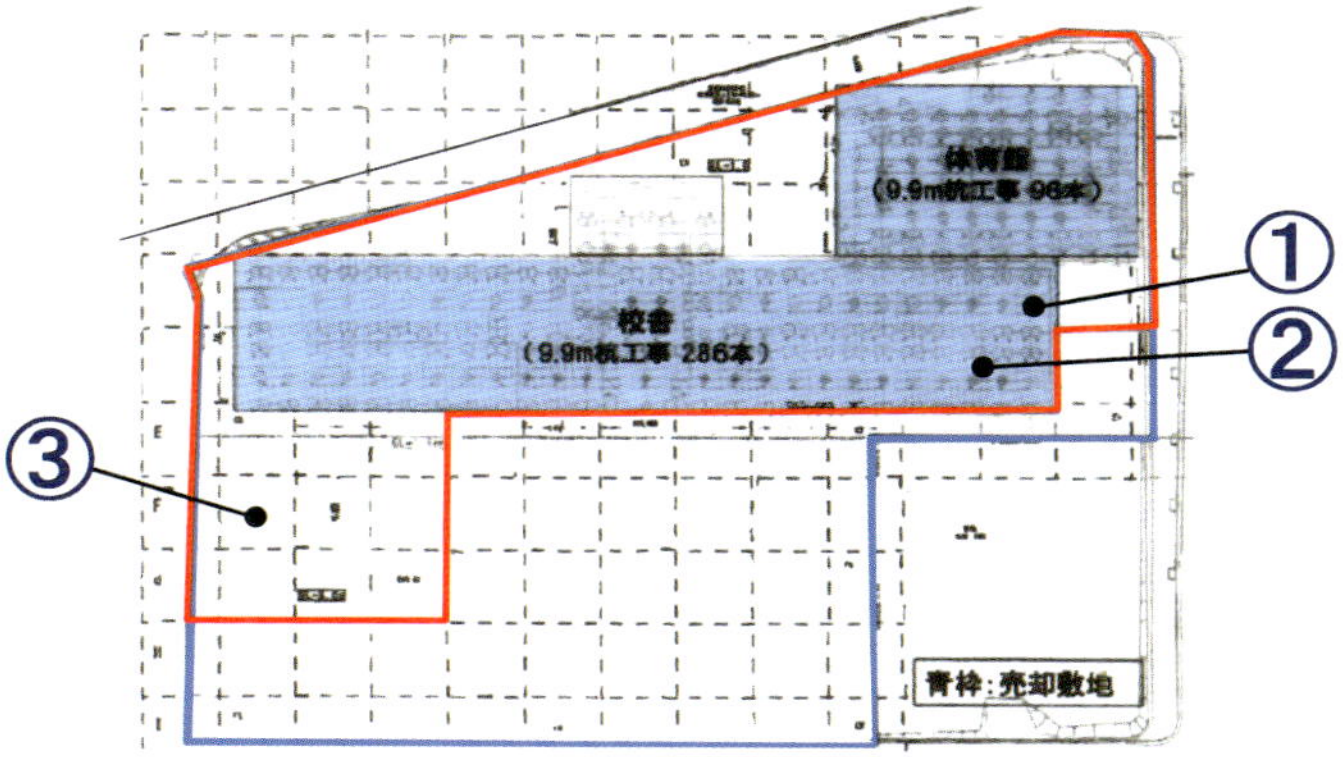

口絵5　新たなごみ掘削予定地図

撤去に8億円かかる2万tのごみは、この予定地図の赤線で囲まれたエリアを掘削した時に出たごみと国は説明。①の基礎杭は9.9mまで掘削。②は、校舎と体育館の①を除く敷地部分。③は、赤線内の①と②を除く部分。②と③は3．8mまで掘削。

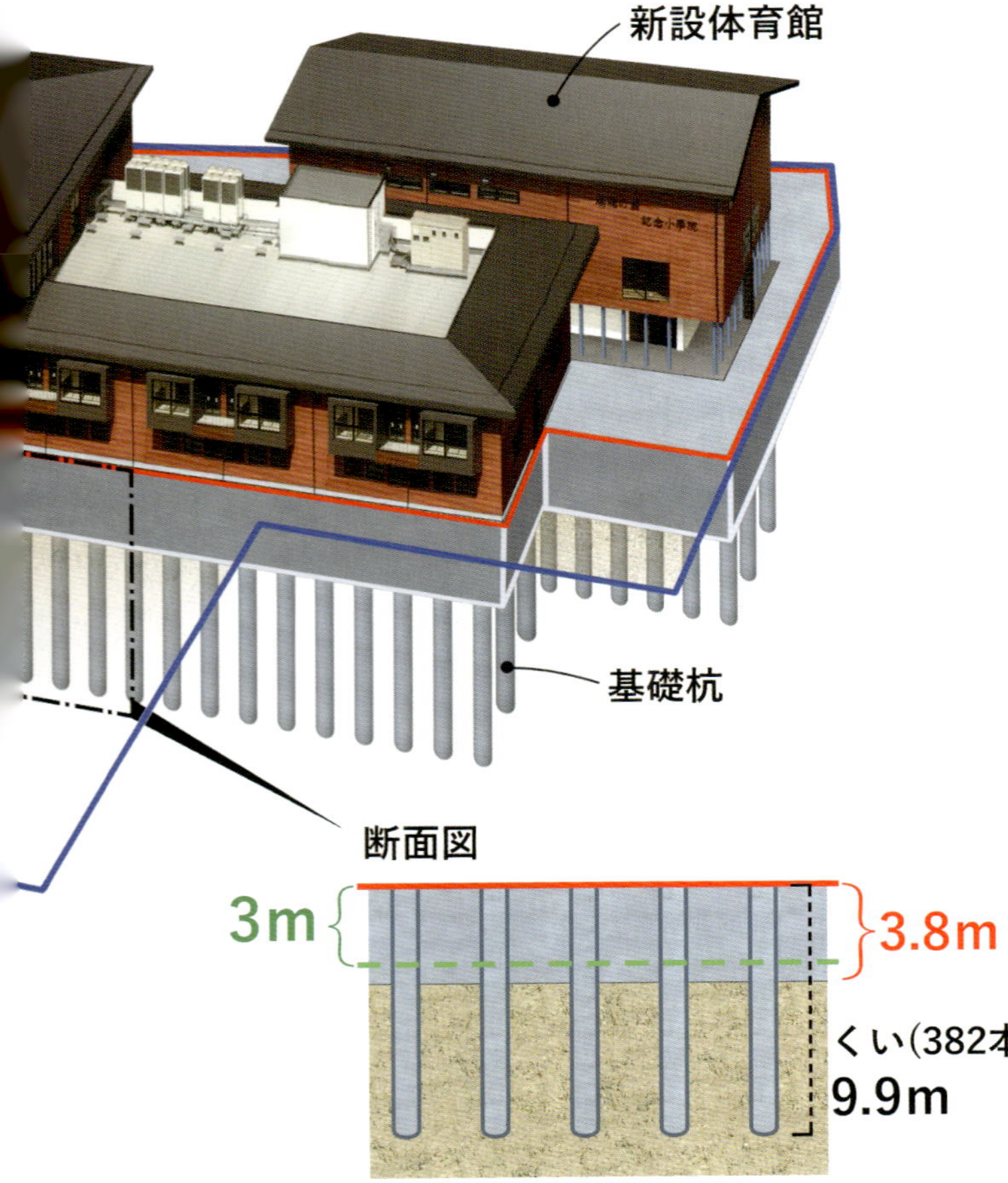

新設体育館
基礎杭
断面図
3m
3.8m
くい(382本)
9.9m

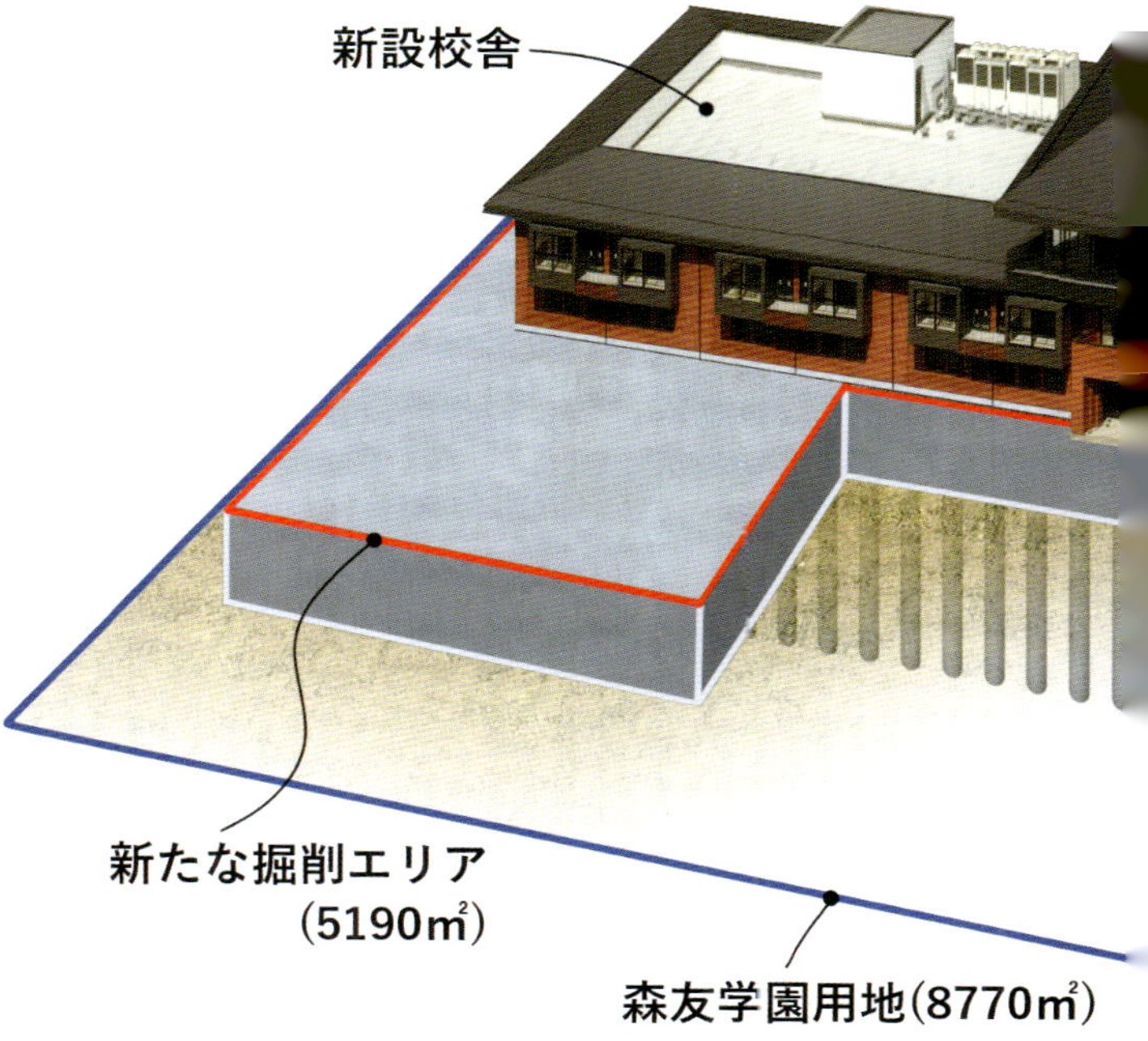

口絵6　国交省が算定した8億円ごみ掘削3Ｄ図

口絵5の平面図を基に、国が地下の土壌をどのように掘削したのかを3Ｄ図（立体画像）で示した図。結局、赤線内の土地は、一律に3.8mまで掘削し、基礎杭のところだけ9.9mまで掘削したことになる。断面図で見るようにすでに掘削を終えている3mまでの深さの部分は二重に計算されている。

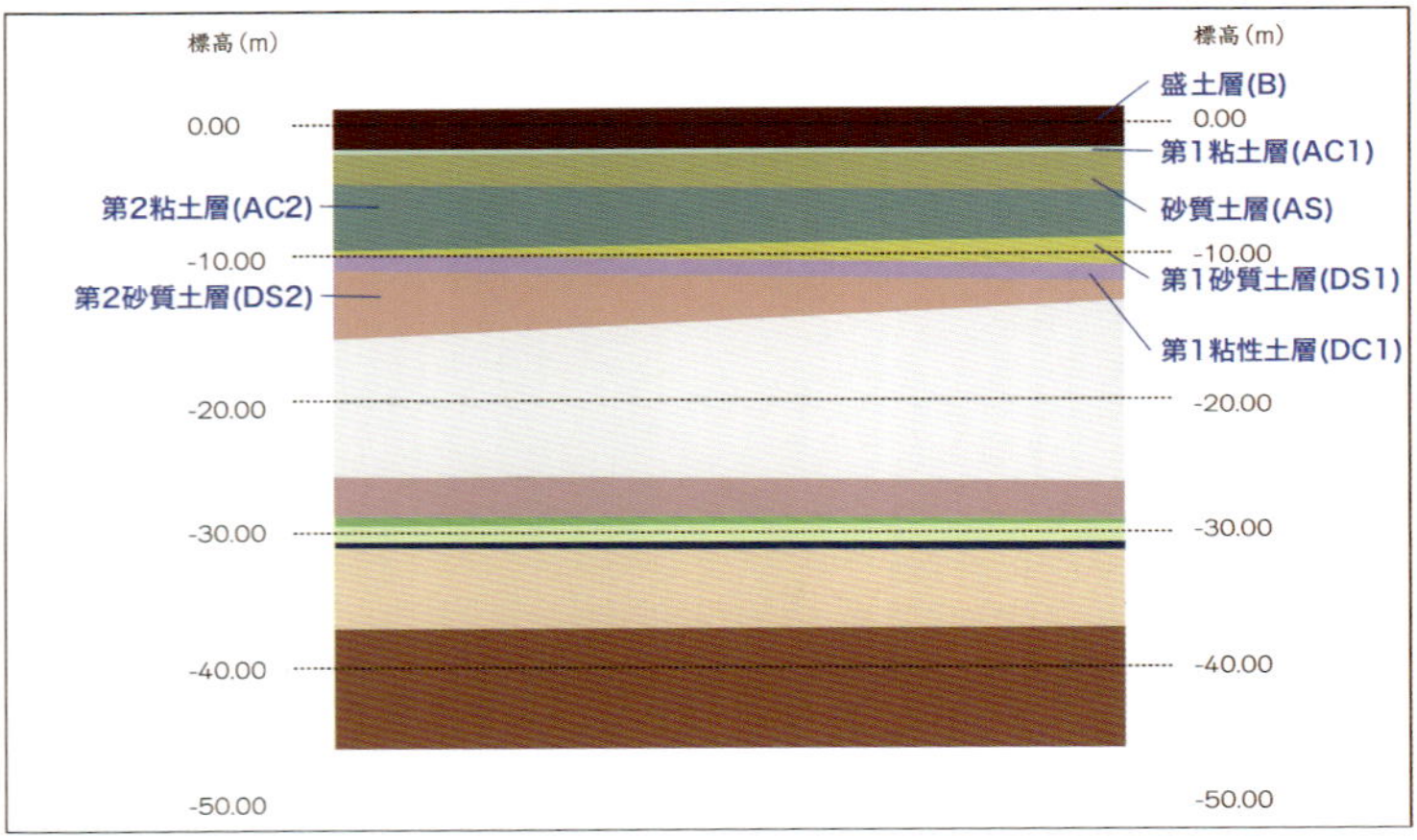

口絵7　推定地層断面図（国交省大阪航空局作成「仮称M学園報告書」より）——2014年12月——

学園用地の3m以深には、埋設ごみが2万トン埋まっているというのが国の算定。しかしこの用地を調べた地層図を見ると、3mの深さを超えると、堆積層となり、順番に第１粘土層、砂質土層、第2粘土層、第1砂質層、第１砂質D層……と続き、その堆積層では、ごみが埋まっていないことが報告されている。

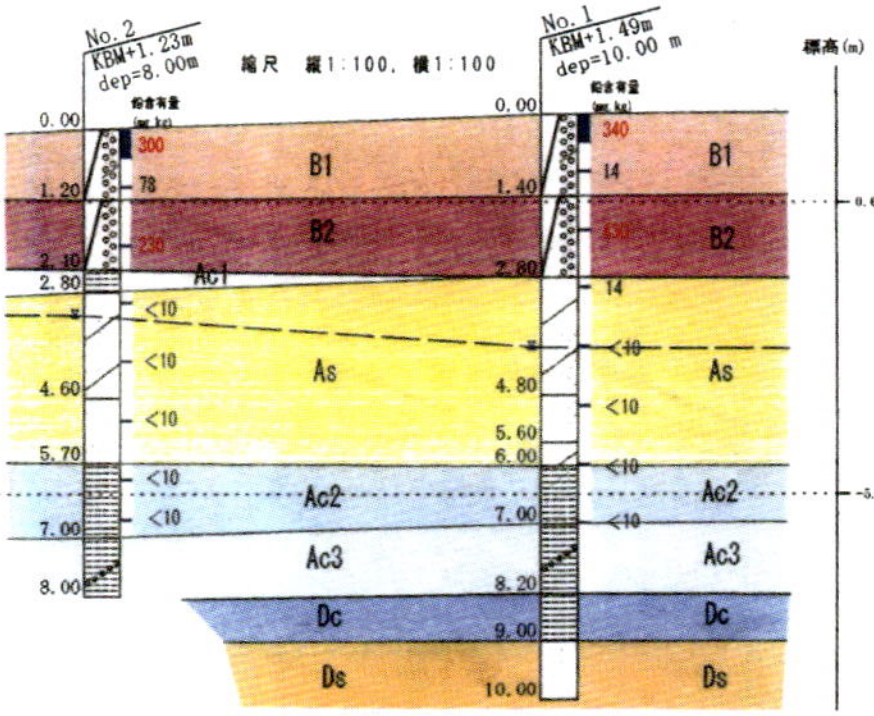

〈地層区分〉

- B1　：盛 土 層（シルト混り砂礫～粘土混り砂）
- B2　：埋 土 層（ガラ混り砂礫）
- Ac1　：第1沖積粘性土層（シルト～粘土）
- Ac2　：第2沖積粘性土層（砂質シルト）
- Ac3　：第3沖積粘性土層（貝殻混りシルト）
- As　：沖積砂質土層（シルト混り砂～砂）
- Dc　：洪積粘性土層（固結シルト
- Ds　：洪積砂質土層（砂）

口絵8　地層図（国交省大阪航空局作成「深度方向報告書」より）──2012年2月──

深度方向報告書も、大阪航空局自身が作成。地層図では地表面から盛り土層、埋土層と続き、3m以深は堆積層となり、第１沖積粘土性上層、第２沖積粘土性上層……と続く。ガラなどの混入が見られるのは盛り土層、埋土層までである。

調査名　大阪国際空港場外用地(OA301)土壌汚染深度方向調査業務

ボーリング名	No.1	調査位置	大阪府豊中市野田町1501
発注機関	大阪航空局	調査期間	平成24年1月12日
調査業者名	阪神測建株式会社	主任技術者	[redacted]　コア鑑定者 [redacted]
孔口標高	KBM+1.49m	試錘機	ECO-1VⅡ
総掘進長	10.00m	削孔水	無水

標高 (m)	層厚 (m)	深度 (m)	土質区分	色調	相対密度	相対稠度	記事	孔内水位(m)／測定月日
0.09	1.40	1.40	盛土・シルト混り砂礫	黄灰			φ5〜20mm位の円礫主体。max φ60mm 砂は細砂主体。含水少ない。	
-1.31	1.40	2.80	埋土・ガラ混り砂礫	黒灰			φ10〜50mmの角礫状ガラ主体。コンクリート及びレンガ片，ビニール等混入。木片及び植物繊維多く混入。含水中〜多い。	
-3.31	2.00	4.80	シルト混り砂	暗灰			砂は中〜粗砂主体。上部は、木片及び植物繊維混入。4.3m以深はmax10mmの礫及び貝殻片混入。含水多い。	1/12 4.00
-4.11	0.80	5.60	砂	暗灰			細砂主体。少量の貝殻片点在。含水やや多い。。	
-4.51	0.40	6.00	シルト混り砂	暗灰			砂は，微〜細砂。含水やや多い。	
-5.51	1.00	7.00	砂質シルト	暗灰			砂は，細砂。少量の貝殻片点在。不規則に細砂の薄層を狭在。含水やや多い。	
-6.71	1.20	8.20	貝殻混りシルト	暗灰			所々、貝殻片多量となる。不規則に細砂を少量混入する。含水やや多い。	
-7.51	0.80	9.00	シルト	青灰			半固結状を呈する。含水中位。	
-8.51	1.00	10.00	砂	暗青灰			細〜中砂主体。含水多く、GL-2.0m付近までの被圧水頭を有する。	

試料採取 深度 (m)	試料番号	採取方法
0.95 / 1.00	1.0	
1.95 / 2.00	2.0	
2.95 / 3.00	3.0	
3.95 / 4.00	4.0	
4.95 / 5.00	5.0	
5.95 / 6.00	6.0	
6.95 / 7.00	7.0	

口絵9　ボーリング柱状図(国交省大阪航空局作成「深度方向報告書」より)──2012年2月──

口絵8と同じ調査報告書で、ボーリング調査した際の深度が深くなるにしたがって、地層の状況を詳しく解説している。ここでも3mまでの浅い部分について、「コンクリート及びレンガ片、ビニール等の混入や木片及び植物繊維などが多く混入している」ことが記されている。

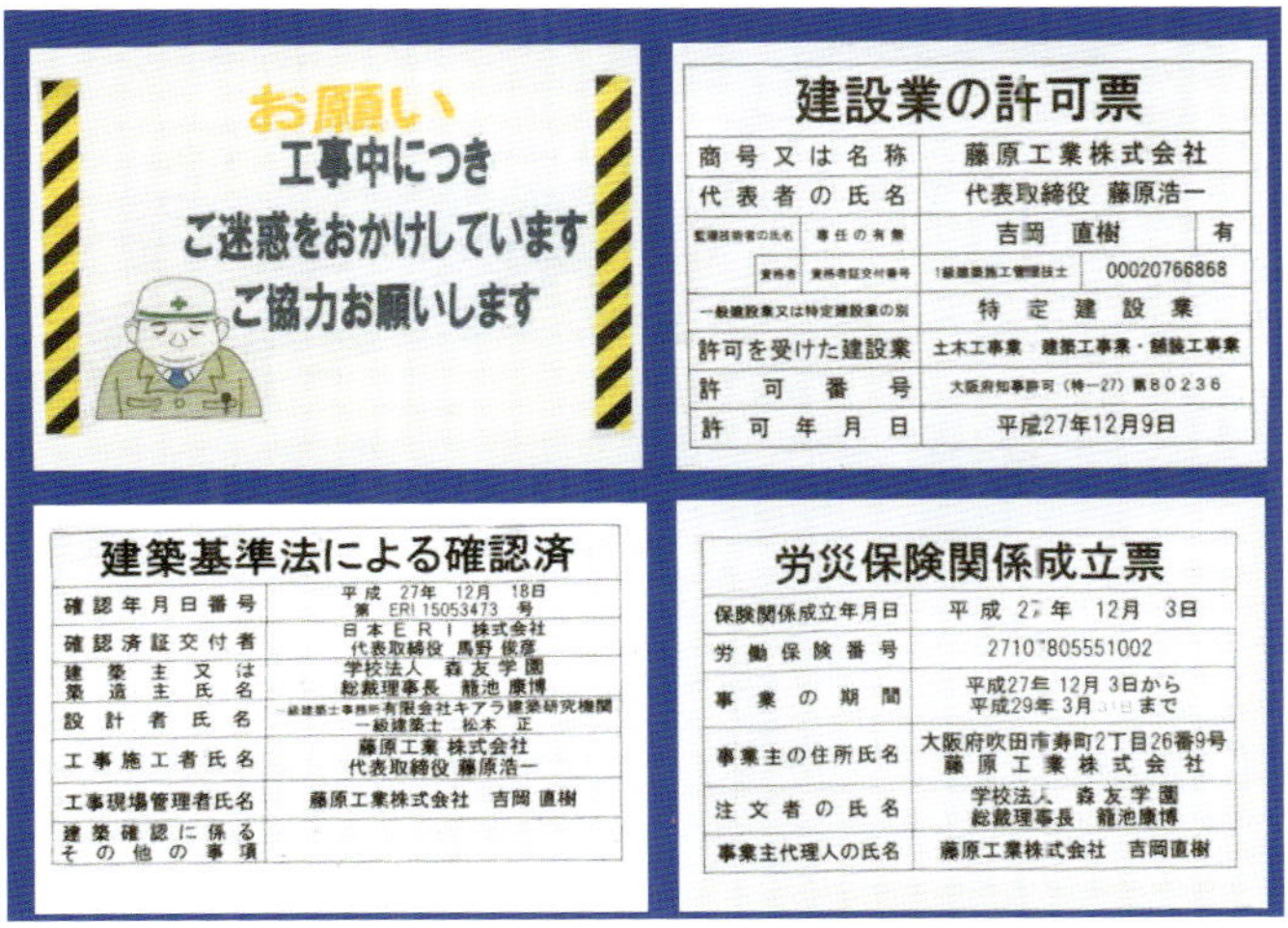

口絵10　工事中の掲示板　撮影：外山麻貴

こうした工事中の掲示板は、請負事業者が建築業法によって掲示することが定められている。この学園工事は、貸付契約中(15年5月～12月)は㈱中道組が行い、16年に入って、校舎建設に入ると、藤原工業㈱が行い、15年12月3日から17年3月までと工事期間を明示している。

口絵11　森友学園工事中写真（土砂の近接写真）
──2016年5月23日──　撮影：木村真

藤原工業㈱が校舎建設に入り、基礎工事の掘削工事をほぼ終えた時点で、撮影した全体像は口絵13の写真であるが、その同じ日に、掘削した土壌で校庭に積み重ねられていた土壌の様子が写っている。これを見ても土砂だけであり、埋設ごみ50%どころか混入の様子すら見えない。

194.2

様式第三号　（第八条の二十七関係）

産業廃棄物管理票交付等状況報告書（平成29年度）

29年　5月　19日

（あて先）　豊中市長

受付
平　29.5.19
豊環減　号
豊中市

報告者
住　所　大阪府吹田市寿町2丁目26[illegible]
名　前　藤原工業株式会社　代表[illegible]浩一 [redacted]
（法人にあっては名称及び代表者の名前）
電話番号　06-6381-5000

廃棄物の処理及び清掃に関する法律第１２条の３第７項の規定に基づき、平成28年度の産業廃棄物管理票に関する報告書を提出します。

事業場の名称	瑞穂の國記念小學院新築工事		業種及びコード	46	総合工事業
事業場の所在地	豊中市野田町10	電話番号	06-6381-5000	担当者名	工事部工事課

番号	産業廃棄物の種類及びコード	排出量（t）	管理票の交付枚数	運搬受託者の許可番号	運搬受託者の名前又は名称	運搬先の住所及びコード	処分受託者の許可番号及び処分方法コード	処分受託者の名前又は名称	処分場所の住所及びコード
1	新築系混合廃棄物 2021	194.2	71	第02700001404号	㈱日本リサイクル	大阪市大正区三軒家[illegible] 27100	第6620001404 207	㈱日本リサイクル	

備考
1　この報告書は、前年４月１日から３月３１日までに交付した産業廃棄物管理票について６月３０日までに提出すること。
2　同一の都道府県（政令市）の区域内に、設置が短期間であり、又は住所地が一定しない事業場が２以上ある場合には、これらの事業場を１事業場としてまとめた上で提出すること。
3　産業廃棄物の種類及び委託先ごとに記入すること。
4　業種には日本標準産業分類の中分類を記入すること。
5　運搬又は処分を委託した産業廃棄物に石綿含有産業廃棄物が含まれる場合は、「産業廃棄物の種類」の欄にその旨を記載するとともに、各事項について石綿含有産業廃棄物に係るものを明らかにすること。
6　処分場所の住所は、運搬先の住所と同じである場合には記入する必要はないこと。
7　区間を区切って運搬を委託した場合又は受託者が再委託を行った場合には、区間ごとの運搬受託者又は再受託者についてすべて記入すること。

（日本工業規格　A列４番）

口絵12　藤原工業㈱の産廃マニフェスト（産業廃棄物管理票交付等状況報告書）――H29年度（17年度)――

この産廃マニフェストは、16年4月1日から17年3月31日までに、学園用地から産廃を排出した時の報告書である。書かれているのは、「新築系混合廃棄物」が194.2tであり、埋設ごみは1tも含んでいない。

口絵13～15の様子を見ても、もし掘削によって埋設ごみが出ているとしたら、ここに報告されているはずである。埋設ごみが出なかったことの決定的な公文書資料である。

口絵13　建設工事中（校舎建設前基盤整備中）
——16年5月23日——　撮影：木村真

口絵13～15による建設工事を時系列で追いかける写真と産廃マニフェストによって、真実が分かった。この口絵13の段階では、校舎建設の基礎工事をほぼ終了し基礎杭の工事を除き、掘削が終わっていることが分かる。そして、掘削した土壌は、写真手前の校庭部分に積み重ねられている。もし埋設ごみが在るとしたらその積み上げられた土砂の中に在ることになる。

口絵14　建設工事中(校舎、体育館建設に着工)
——16年8月7日——　撮影：木村真

口絵13から工事は進み、校舎の枠組みの建設に取り掛かっている。しかしこの段階でも、掘削した土壌は、そのまま校庭に積み上げられたままである。いつまでこのような形で「仮置き」しているのか？　大阪航空局の算定では、この土壌の中に約2万tもの埋設ごみが在ることになっている。

口絵15　建設工事中──17年3月12日──　撮影：木村真

校舎・体育館が完成し、積み上げられていた土壌が、ほぼ片付けられている。したがって土壌中に埋設ごみが混入していたとしたら、この3月12日の時点で、すでに用地外に運び出されていたことになり、そのことが産廃マニフェストに報告されているはずである。ところが、口絵12の産廃マニフェストで見ても分かるように１tの埋設ごみも混入していなかったのである。国(国交省大阪航空局)の嘘は、この写真と産廃マニフェストによって明らかになった。

もくじ

はじめに

自然科学の発展をもたらした手法は、近代国家やジャーナリズムの中では経験蓄積されていないのだろうか？　理系ジャーナリストが森友問題を一年間追いかけての感想である。

国と森友学園との契約決裁文書の朝日新聞による「書き換え」疑惑報道は、大スクープとなった。国が明らかにしていた公文書が、改ざんされれば、立憲国家の枠組みが崩壊する。そのためこの「書き換え」「改ざん」問題には、すべての大手メディアも批判的に報道した。

一方、改ざんの舞台となった森友問題の核心は、八億円格安値引きの理由とされた二万トンのごみの存在であることは、大手メディアでも繰り返し報道してきた。

ところが、では国が言う埋設ごみは在ったのか？　無かったのか？　正面から事実を報じ、国の責任を問う大手メディアの報道は、一年以上経過する今も見ることはない。

八億円の値引きを行う埋設ごみは無かったという事実は、インターネット上も報告されている。大手メディアが「埋設ごみが無かった」を「改ざん問題」のように報じ、国民のだれもがこの事実を知れば、事態は変わる。

ところが、この核心に触れることが、どのような難しさだあるのか分からないが、一年以上も経つのに変化はない。

もともと九億円の国有地を、八億円も値引きして、約一億円で払い下げるというのが、不可思議な話だった。今どき民間の商戦でも、九割引きの格安販売は、珍しい。

国有財産が、十分の一の値段で、ただ同然で、なぜ払い下げられるのか？

国有財産は、厳密に管理されているはずが、正当な理由があったのか？

他の国有財産の管理は心配ないのか？

それとも森友学園の名誉校長が、首相夫人だったために、不当に値引きが行われたのか？

市民が持ったこうした当たり前の疑念にたいし、国は、驚くべき対応をとった。やり取りの記録は廃棄し、国会の質疑でも、後で虚偽と分かる答弁を繰り返し、「適正に処理された」と言い続けた。国の担当大臣も首相もその答弁を繰り返した。

八億円値引きの理由は、撤去しなければ校舎建設に支障をきたす埋設ごみが、地下深く二万トンもあり、その撤去費に八億円かかるということだった。ところが、校舎建設は、二〇一六年末までには終了し立派に建設されていた。もし建設に邪魔になる埋設ごみが在ったとしたら、すべて掘削・撤去されていたはずである。しかしこの一年、二万トンのごみは、見つからなかった。

運び出すのにトラック四〇〇〇台が必要というが、それを見たものはないどころか、財務省が森友学園の業者に運び出したことにしてくれと相談を持ち掛けていたことが分かった。

国は、何のために、ごみが在ると演出していたのか？

一方、一七年の末十二月十二日には、国（国交省）は、学園の用地から運び出したごみは、一九四トンで約二〇〇トン、二万トンの一〇〇分の一しか見つからなかったと民進党（当時）への説明会で答弁した。筆者が同年の七月七日に、衆議院会館で開催した市民団体の記者会見で発表した事実、その後、ネット上では五〇〇万人が検索して知っていた事実を、約五カ月後ようやく認めた。

校舎建設に係わった民間業者・藤原工業㈱が豊中市に提出していた産廃マニフェストに記載され、この公文書から分かった事実である。

ごみが無かったことが分かった。八億円もの値引きは、国有財産の管理を怠る値引きだったことが分かった。誰もが一件落着したと考えた。

ところが今も、国（安倍内閣）は、ごみが無かったと発表を行っていない。

大手メディアも大々的に報じていない。

立憲民主党の森友問題の担当者に聞くと、今の大手メディアは、国が「無かった」と言わなければ、国と異なった見解を述べることはないという。しかしこれでは、与党が国会で絶対多数を得て、都合の悪い事実には、あくまで否定し続ければ、大手メディア（大手新聞やＴＶ）は、事実を報じなくなり、メディアによる権力監視ができなくなる。

しかし、ことはごみの在る無しでしかない。たったこれだけのことを日本中で確認するのに、なぜ私たちの住む日本は、一年以上もの時間がかかるのか？

多分、世の中がもっと風通しが良く、異論・反論も自由闊達に議論できる社会ならば、社会の一角で見つかった事実が、多くの人に広まるのに時間はかからないのであろう。

いつから日本は、簡単な事実でも、国会で圧倒的多数を占める与党がふたをすれば、事実が隠される社会になってしまったのか？

これでは、まるでどこかの独裁国ではないか？

大手メディアは、どうしている？

日本は、自由主義国でしょう？

これでは、言論統制されている独裁国と変わりがないのでは？

森友問題の現実に戻って、ごみが無く、値引は不当・不法だったことを、今日に生きる私たちが知る歴史的事実として残しておくためには、

① 国が、無かった事実を認め、関係した役人の責任と処罰を行うこと
② マスメディアもごみは無かったことを大々的に報じること

このどちらかがあれば、事態が動き出すことが分かってきた。

その上で、「ごみが在るから値引くのは当然でしょう」と言っていた大臣や首相も責任を取り、その上で、刑事罰が必要ならば、特捜検察も重い腰を上げる必要がある。

では、私たちは、その歴史の動きに対して、何をすればよいのか？

筆者は、これまでインターネットなどで伝えてきたことを、この一冊にまとめ、本書を通して、できるだけ分かりやすく、ファクト（事実）をお伝えすることにした。まだ事実を知らないあなたには、この事実をこの本を通して、知っていただきたい。森友問題のトリックが誰もが知るところとなり、事実が自由に表現されていけば、ネットの時代であり、フェイク（偽物）が正されるのに時間はかからない。

森友学園建設用地では、一度約一〇〇〇トンの埋設ごみを盛り土層から撤去した後に、その下

の堆積層にビニールなどの生活ごみが、二万トンもあると国が想定した。――このフェイクが、次々と解き明かされていく謎解きを、本書の読書の旅として、楽しんでもらいたい。

筆者は、理系の技術者出身であり、実験による事実の積み重ねとそれが自然科学上の法則に合致するかの確認の大切さは、繰り返し教えられ、胆に銘じてきた。そこは、真実を追い求めることに対して、何らの妥協も忖度もない世界だ。森友問題は、社会問題であるが、ごみの問題を調査追跡するにあたっては、自然科学やごみの知識が役に立ったと思っている。

学園用地は、元住宅地であり廃棄物の処分場の跡地ではない。その森友学園用地の地中深く、太古の時代から堆積されてきた堆積層からビニールがザクザクと出てくるというのが国の想定であった。もしそれが事実であれば、太古の時代、豊中市には、石油化学製品であるビニールを開発した宇宙人が存在していたという世界的な大発見となる。

この大フェイクを解き明かす旅にしばらくお付き合いいただきたい。

第一章

森友学園が、国有地を格安で入手する経緯

国有地の売却は、もちろん国を運営するための歳入・予算の確保が目的である。国は、国民からの徴税による税収だけでなく、国有財産などの売却によって、歳入を補てんしていく。では、今回の森友学園の売却によって得た実収益は、どれだけになり、国庫を潤すことができたのか？

実収益は、鑑定価格の500分の1

森友学園用地は、約九億円の国有財産を一〇分の一の約一億円で売却したものである。しかし国庫に納めるための売却益は、二二四万円にしかなっていない（資料1―1）。

国は九億五六〇〇万円の国有地を売却するにあたって、貸付段階で森友学園自身が実際に行った埋設ごみ等の撤去費用として一億三一七六万円支払い、その後、地中深く見つかったとされるごみの撤去料として八億二二〇〇万円を減額した。そのためごみの撤去料として合計九億五三七六万円を計上している。鑑定価格九億五六〇〇万円の土地の売却に当たって、これだけのお金を使っているために、実質得た収入は、約五〇〇分の一に当たる二二四万円でしかなかった。その金額を、国庫に納めていたのである。

資料1-1　埋設ごみ等の撤去費用と国の売却益

①貸付時に森友学園が行った撤去費用：1億3176万円
②売却に当たり減額したごみの撤去料：8億2200万円
合計：9億5376万円
国の売却益：9億5600万円—9億5376万円＝224万円

森友問題は、これを「適正に行われた」とするのかの問題でもある。

もし今後もこのようにやっていくという人たちが権力に居座り続け、役所の担当に居座り続けることになれば、国民が汗水たらして蓄えた国有財産も無いに等しいことになってしまう。

国家の崩壊といえる。

森友学園問題一気に全国での話題に

「森友学園問題」とは何だったのか？　その核心とは、誰もが指摘しているように、国有地の九億五六〇〇万円の売却価格が、新たな埋設ごみの存在を理由に、八億二二〇〇万円も値引きされ、一億三四〇〇万円で売却されたことであり、そのようなごみが在ったのかにある。

学校法人森友学園は、大阪市淀川区に本部を置き、幼稚

資料1-2　森友学園――瑞穂の國記念小學院、校舎建設中

口絵1参照（外山麻貴撮影）

園を運営する私立の学校法人である。

一九五〇年に森友寛が創立した塚本幼稚園が、一九五三年に大阪府の認可を受けたことによって、一九七一年三月十八日、学校法人森友学園が設立され、塚本幼稚園は学校法人格を有する幼稚園となった。

旧理事長の代から、塚本幼稚園は日本の伝統や文化に重点を置いたカリキュラムのなかで、愛国心等を育むことを目的とし、教育勅語を導入していたという。

その塚本幼稚園を運営する森友学園が二〇一七年四月に開講を予定していたのが「瑞穂《みづほ》の國記念小學院《くにきねんせうがくゐん》である（資料1―2、口絵1）。

ところが、校舎も完成し、募集開始を間近に控えた一七年二月になって森友学園への格安払い下

資料1-3　学園用地周辺　口絵2参照

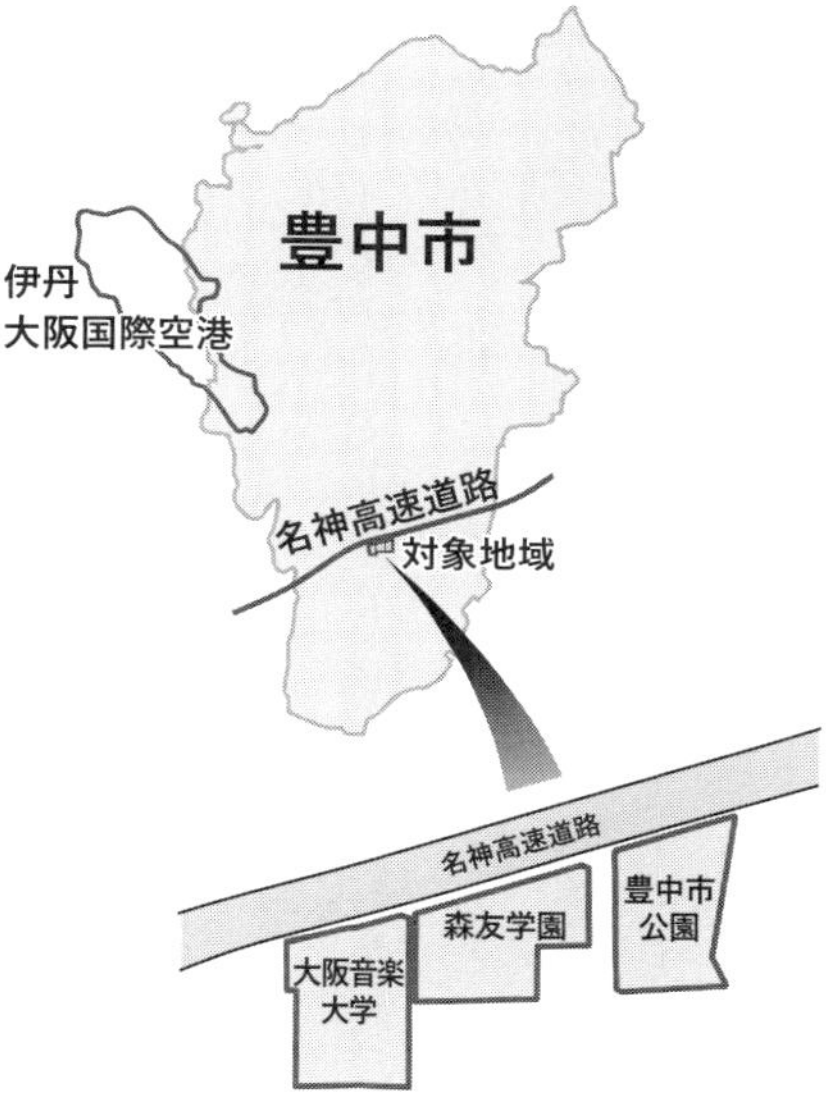

げの事実が、豊中市の木村真市議などの市民による情報公開請求の結果分かった。

豊中市の木村真市議の話によると、同土地は、国交省大阪航空局が、管轄する伊丹国際空港の騒音防止対策のため買い上げを進めていた用地であった。買収は一部残っていたが、買収した更地を、阪神路大震災の際の仮設住宅とした経緯があり、その後買収目的を災害避難公園とした。豊中市も、説明会を開き、住宅地の買収に協力した（資料1―3、口絵2）。

豊中市は、当初、国から無償で

公園用地として払い下げを受けると説明していたが、手続きが進んでいくと、実際には売却するということであった。しかし、市が用意できるのは、一四億円だった。それでは約半分しか入手できないため、貸付契約できないかと国に相談したが、売却でなければだめだと断られ、やむなく一四億円で購入できる東側半分を入手した。

そうした経緯もあったため、木村市議は、残りの西側半分、今回問題となっている森友学園用地がどのように利用されるのか注目していたという。

一五年七月、その用地で校舎建設に向けての土壌改良工事が始まったが、土地の所有権は、国交省のままであり、よくよく聞くと貸付契約をしているという。豊中市には断った貸付契約が行われていたことや、安倍昭恵・首相夫人が森友学園の名誉校長であることも知り、余計興味を持ったという。

その後、一六年になって同土地が売買されたことが分かり、近畿財務局に契約書の情報公開請求をしたが、契約金額は黒塗りで隠されていた。別途入手した登記書では、買い戻し特約のところに売買代金が、一億三四〇〇万円と記載していたが、同土地の金額は、豊中市への売却の時の単価からすると一三億円前後になるはずであった。その一〇分の一の金額であり、一〇年分割の一年分の金額ではないかと考えたという。弁護士にも相談したが、はっきりとは断定できないと

資料1-4　格安払い下げを報じる朝日新聞（2017年2月9日）

口絵4参照

朝日新聞　2017年（平成29年）2月9日　木曜日　14版　社会　38

大阪の国有地 学校法人に売却

金額非公表 近隣の1割か

財務省近畿財務局が学校法人に払い下げた大阪府豊中市内の国有地をめぐり、財務局が売却額などを非公表にしていることが分かった。朝日新聞が調査したところ、売却額は同じ規模の近隣国有地の10分の1だった。国有地の売却は透明性の観点から「原則公表」とされており、地元市議は8日、非公表とした財務局の決定の取り消しを求めて大阪地裁に提訴した。

近畿財務局による国有地の売却先と価格

9492m²　豊中市に14億2300万円で売却

8770m²　森友学園に1億3400万円で売却か

近畿財務局が売却した土地では私立小学校の校舎建設が進んでいる＝大阪府豊中市

売却されたのは、豊中市野田町の約8770平方㍍の国有地。近畿財務局が2013年6〜9月に売却先を公募し、昨年6月に大阪市内で幼稚園を営む学校法人「森友学園」に売った。

契約方法は、公益目的で購入を希望する自治体や学校法人、社会福祉法人などを優先する「公共随意契約」がとられた。

この契約について、地元の豊中市議が昨年9月に情報公開請求したところ、財務局は売却額などを非公表とした。朝日新聞も同年12月に公開請求したが、今年1月に同じく非公表とされた。国有地の売却結果は透明性と公正性を図る観点から、1999年の旧大蔵省理財局長通達で原則として公表するとされている。だが、財務局は取材に「学園側から非公表を強く申し入れられた。公表によって学校運営に悪影響が出るおそれがある」と説明した。

朝日新聞が登記簿などを調べると、森友学園側に契約違反があった場合、国が「1億3400万円」で買い戻す特約がついていた。公益財団法人の不動産流通推進センターによると、買い戻し特約の代金は売却額と同じ額におおむねなるという。森友学園の籠池泰典理事長も売却額が買い戻し特約と同額と認めた。

一方、財務局が森友学園に売った土地の東側にも、国有地（9492平方㍍）があった。財務局が10年に公共随契で豊中市に売ったが、価格は約14億2300万円。森友学園への売却額の約10倍とみられる。ここは公園として整備された。

森友学園が買った土地には、今春に同学園が運営する小学校が開校する予

いう。

買い戻し特約の記載のところは、黒塗りされ非開示になっていたので、まさかその一億三四〇〇万円が契約金額だとは考えなかったという。

そこで一部非開示の個所の情報公開を求めて、訴訟に訴え、これを大手メディアに伝え、記者会見を行ったのが一七年二月八日であった。

その日の夕方、ＴＶ大阪とＮＨＫが報道し、翌九日には朝日新聞が社会面七段抜きで報じ、一気に全国に知れ渡ることになった。朝日は独自に森友学園の籠池泰典理事長に問い合わせ、一億三四〇〇万円が売買価格そのものだったことを確認していた（資料１―４、口絵４）。

国会で本格的審議に

それがマスメディアでも取り上げられるようになると、テレビでは、園の方針により、教育勅語を唱え、軍歌を歌い、「安倍総理ガンバレ」と声を揃える園児たちの映像が流されるようになった。

また、理事長夫人による園児の保護者に対する差別的な発言が取り上げられ、ある種のセンセーションを巻き起こした。

一八年度から道徳科目の教科化が始まったが、「まるで戦前のような」と評される、政権担当者への手放しの賛同を幼児にさせることに異和感を持つ人は多かったのではないか。

国会審議のなかでこの森友学園との関係について問われると、安倍首相は「私や妻が（国有地売却や学校認可に）関係していたことになれば、首相や国会議員も辞める」と答えている。

一方、森友学園へのバッシングが強まると、森友学園の二代目理事長に当たる籠池泰典氏は、学校申請を取り下げ、目前に控えていた開校は取りやめとなった。

参議院では、森友学園を視察することになり、各党会派の代表が参加したが、籠池氏は、議員団や報道陣に「われわれがこの学園を作り上げようとしたのは皆さんのご意思があってこそ。そのご意思の中には、まことに恐縮ですが安倍内閣総理大臣の寄付も入っている」と発言した。

この籠池氏の爆弾発言を受けて、安倍首相は、「個人的にお付き合いのない方に寄付などをするはずがない」と語っているが、森友学園が「安倍晋三記念小学校」として寄付金を集め、首相夫人の昭恵氏が名誉校長になっていたことは周知の事実である（写真1の4）。

そもそも小学校の運営実績もなく、資金も土地もない森友学園が、大阪府の認可を受け、国交省や財務省の関与の下に、隣接地の相場からすると約一〇億円の土地を購入し、さらにその倍額以上の校舎建設費用を考えると、バックアップなしにはかなり難しい構想であった。

だが、森友学園元理事長の籠池泰典氏が証人喚問で語ったように「神風が吹いたように」それは可能になった。しかし、その過程には「神風」ではなく、さまざまな「不正」が働いていたのだ。

学校法人取得と用地取得の謎

国有財産の払い下げは、本来ならば一般競争入札による処分が原則である。ただし学校法人や福祉法人などに入手希望があると、優先的に随意契約で参加することができる。これに今回は、学校法人も、優先枠で取り扱った。もちろん、その場合も鑑定価格を上回る入札が契約成立の条件とされる。そこで今回の払い下げ用地はまず一二年に西側に隣接する大阪音楽大学が手を挙げ、約七億円で入札したが、鑑定価格の約九億円に満たず、払い下げは行われなかった。

その後、二〇一三年に手を挙げたのは森友学園である。しかし、この時点では森友学園は私立の学校法人格も持たず、学園用地も持っていなかった。学校法人でなければ、国の土地の払い下げを優先的に受ける権限がなく、学園用地を持たなければ大阪府が持つ学校法人としての認可を受けることも不可能だった。

森友学園は、国有財産の払い下げを受けるためには、卵が先か鶏か先かの寸詰まり状態にあり、今回の用地の払い下げに応札する学校法人資格さえなかったのである。

にもかかわらず、国による払い下げや大阪府の認可の出ていない一四年十月、国交省大阪航空局は、森友学園の校舎建設のためのボーリング調査を許可し、森友学園はその調査結果を「仮称M学園小学校新築工事調査報告書（二〇一四年十二月）」として作成している。

さらに、森友学園が同用地に学校を建設するのが当然であるかのようにボーリング調査を行っている。

この動きは大阪府の私学審議会や財務省の国有財産審議会に影響を与え、森友学園は一五年一月二十七日には大阪府の私学審議会で法人としての「条件付き認可適当」を得た。

これにより、小学校開校に向けて大きな課題であった学校法人格を取得し、同年二月十日には財務省の近畿地方審議会で学園用地の売り払い前提の定期借地権を入手するのである。

卵が先か鶏が先かは、国が、ボーリング調査を認可することによって動き始めたが、その報告書「仮称M学園小学校新築工事調査報告書（二〇一四年十二月）」は（以下「仮称M学園報告書」）、財務省が保有しながら表紙の作成者名は黒塗りにされている。

国会議員を通して書面を所有していた財務省に問い合わせたところ「お問い合わせのあった件につきましては、当該調査報告書を作成した法人の名称が記載されています」と人を食ったような返答をし、さらに要求すると「当該法人の名称を公にすることにより、その事業遂行に影響を及ぼすなど、法人の権利、競争上の地位その他正当な利害を害する恐れがあるため不開示としているところです」と情報開示を拒んだ。

事態を動かした「仮称M学園報告書」森友学園問題は、この時から隠すのが当たり前になっていた。

8億2200万円の値引き

森友学園が学校建設を進めるためには、小学校の認可を受け、国有財産の払い下げを受ける条件を整えるという他に、約九億円もの用地購入資金をどのように準備するかが、大きな課題であったことが経緯を見ていても分かる。

それを克服する手品のような解決策が、財務省が用意した「売り払いを前提とする賃貸借契約」である。

売買による一括払い下げが基本であった国の財産処分を、まず特例的に貸付契約し、その間に森友学園は、土壌改良工事（同年七月から十一月）を進め、一六年には校舎建設に入ったのである。

一方、貸付は、期限付きの貸し付け契約であり、賃借から売却で手に入れるという点も森友学園にとっては高いハードルであったが、クリアしたのが、埋設ごみを理由とした鑑定価格より九割引きするという奇手であった。

この値引きによって、九億五六〇〇万円の土地を一億三四〇〇万円で売却することにし、さらに一〇年の延払い、つまり分割支払いを認め売買契約を結んだのである。しかしもし埋設ごみが無いのに、ごみを理由に値引きしたとすれば、国有財産を違法に払い下げるということである。この時点で、森友問題は、財政法違反の法令の枠を大きく踏み外すことになったといえる。そのためかこの契約書は、情報非開示の扱いをして隠していた。

しかし、森友学園が購入できるようにした九割引きが、庶民の目からしても「ありえない」と注目を帯びるきっかけとなった。

資料1-5　木村真豊中市議

このような経緯により、森友学園が国から特例的な扱いによる国有地の格安払い下げを受け、学校建設まで終え、一七年四月に開校の一歩手前にまで上り詰めていったのである。

ところが、先に報告したように、二月になって森友学園への格安払い下げの事実が、豊中市の木村真市議（資料1―5）ら「『森友学園問題』を考える会」の市民による記者会見によって明らかになり、NHK、TV大阪、そして朝日新聞による報道により、広く公になり、国会審議、安倍首相の「私や妻が関与していれば議員を辞職する」発言へと続く。

市民、ジャーナリスト、議員らが連携しての調査

筆者は、地元の豊中市議をはじめ、国会議員・専門家・弁護士・市民団体との連携のもと、市民チー

ムとして調査に当たり、犯罪の決定的な事実を掴んだ。そして市民団体による財務局の告発などでも情報・資料提供してきた。

今回の格安値下げは、明らかに違法の疑いがあるが、それが事件性を持つためには、「故意」に行われていたかが問題となる。

犯罪の立件のためには、「虚偽の事実」に基づき値引いたというだけでなく、虚偽の事実を分かって行ったのか、つまり「故意」に行ったかどうかが大きな条件となる。

調べていくと〝容疑者〟である国が、「深部にごみがない」ことを調査報告した資料を、一二年に自ら作成していたことが明らかになった（※1）。払い下げ契約時には、その資料を土地の評価にあたって使用していたことも分かった。つまり、国は、三メートル以深に埋設ごみがないことを知りながら、「二万トン埋設されている」と嘘をついていたことになる。

まず経緯の概要を見よう。ÅＥＲＡは一七年三月八日付のインターネット版で、次のようにまとめている。

「問題の国有地は大阪国際空港の騒音対策区域だったが、航空機の性能向上に伴い、国は二〇一三年に売却先を公募した。森友学園が小学校用地として、一〇年以内の売買を約した定期借地契約を締結したのは一五年五月。学園は同年七～十二月に地下の廃材や汚染土を除

資料1-6　土壌改良工事報告書

大阪府豊中市野田町 1501 番

土壌汚染対策工事

報告書

平成 27 年 10 月

株式会社中道組

目　次

【添付資料】
・工程表
・工事終了図面
・現場写真
・管理票
・処理報告書
・地下水測定

去し、国が一億三一七六万円を負担。ところが学園は一六年三月、基礎工事中に地下深くから新たなごみが見つかったと報告し、約二週間後に「国が撤去していたら開校が遅れる」と購入を希望した。同年六月、財務局は鑑定価格（九億五六〇〇万円）からごみ撤去費八億一九〇〇万円などを引いた一億三四〇〇万円で売却。一〇年分割払いとした」

実はごみの撤去は2回あった

ＡＥＲＡに記載されているように、二回にわたってごみの撤去料を売却側の財務省（近畿財務局）が、森友学園に支払っている。この点が森友問題の注目点である。

一回目の埋設ごみの撤去は、土壌改良工事として行い、重金属（ヒ素と鉛）による汚染の除染工事と埋設ごみの撤去工事を同時期に行っている。「資料1—6」で示した土壌改良報告書はその時の報告書である。

一回目の時点では、森友学園は、財務省の土地を賃貸借していた。この時には、借地であるため、売買価格から撤去費用を差し引くのではなく、学園自身で撤去と汚染除去（除染）をし、かかった実費を貸主である財務省に請求し、「有益費」として支給を受けた。

一般的に、借家している際に、敷設している電気や水道などに不具合が起きたり、下水が詰まったりすれば、持ち主である大家にその工事費を請求するが、それと同じである。

この処理費用が、一億三一七六万円である。

この一回目のごみの撤去と汚染処理については、一〇年に土地の調査を行った報告書（以下「報告書二〇一〇」）に基づいて、同土地の地表面から約三メートルの深さ（低深部）を掘り起こして行ったとされている。

一方、二回目のごみの撤去費用の支払いがある。これは、一回目のごみの撤去と除染のあと、校舎を建設するために基礎杭（九・九メートル）を打ったところ、同土地の地下の深いところ（高

資料1-7　土地の価格とごみの撤去費

森友学園（8,770㎡）鑑定価格	9億300万円
1回目　ごみの撤去料	1億3,176万円
2回目　ごみの撤去料（算定料）	8億1,900万円
売却価格	1億3,400万円
豊中市（9,462㎡）鑑定価格	9億800万円
売却価格	14億2,300万円

深部）からごみが見つかったという森友学園（藤原工業）の報告を受け、国交省が高深部のごみの総量を推計し、その処理費用を国が算定、その額を八億一九〇〇万円とした。

この金額を、売却予定価格九億五三〇〇万円から差し引き、売却額を一億三四〇〇万円とした（資料1—7）。

値引き理由は、学園用地にごみが埋まっていたということだった。では、本当に撤去費に八億円もかかるごみは存在したのであろうか。

安倍首相は国会の答弁のなかで、ごみがあったのだから値引きは当然だと言っているが、これは、二回目のごみの撤去が問題となっている時に、一回目のごみについて「あったのですから」と答えている。まったく雑な言い方である。結論をいうと、国の調査資料や国有財産近畿地方審議会に提出された資料からは、ごみは土地の浅い部分（三メートルくらいまで）にあったが、深い部分にはなかったことが示されている。

以上を再整理すると、ごみの撤去費用は、二回にわたり算出されている。一回目は、三メートルくらいまでの浅い部分を森友学園が実際に行っている。その値段が一億三一七六万円。二回目は深い部分に埋設されているとするごみの量を国が算定し、八億二二〇〇万円と値段をつけて売却する値段から差し引いた分である。二回目は実際に行ったのではなく、売却に当たって推定して計算したものである。

一回目のごみの撤去は、森友学園が一五年五月の借地契約後、七月～十二月までに行い、その工事費を財務省に請求している。

昭恵夫人が小学校の名誉校長を引き受けたのが、同年九月五日であり、その後、籠池理事長が借地料金を安くしてほしいと言ったり、ごみの撤去費用の立て替え分を早く支払ってほしいと昭恵夫人らに要望を出したのは、この一回目の撤去料のことである。

所有地を販売した時に、その土地が有害物で汚染されていたり、ごみが埋設されていたりした時には、有害物の汚染を除染したり、ごみを取り除く責任は売り主側にある。

森友学園側は、売り主である財務省に代わって自らごみ処理を行う事業者（中道組）に頼み、立て替え払いをしたのは一七年四月の小学校開校に間に合わせるためとしている。財務省にそれをやらせると、時間がかかり間に合わなくなると判断したとされている。

本来ならばこの一回目で、ごみの撤去処理は終わっていたはずである。


【まとめ】


森友問題は、一人の市議会議員が、国有財産が払い下げられていく様子を注意深く追いかけて行く中で、問題が発覚した。

もともと、森友学園が購入した用地は、騒音公害で困っていた住宅地を、国（国交省大阪航空局）が、住宅地を買い上げたり、代替え地を供給することで、騒音対策を行う、そのように買収した土地であった。

騒音公害による飛行の差し止めを求める最高裁判決が、一九八一年にあった。判決は、騒音が受忍の限度を超えるとし、損害賠償は認めながら差し止めについては、「国の航空行政権は、民事訴訟では争えない」と却下した。

大阪航空局の買収は、この判決に基づき行われ、そこに生活している人がいなくなれば、問題は生じないと進められたのであろう。反対活動をしてきた住民は、もちろんこれまでの経緯があり、すべて協力した訳ではないが、阪神淡路大震災もあって、震災避難公園づくりに利用するならと、全戸の立ち退きが完了した。

そうした経緯のある土地であったが、木村市議は、残りの土地がどのように売却され、利用されていくかに興味を持ち、購入した森友学園が、教育勅語などを児童に唱和させる塚本幼稚園を運営し、日本会議などの講師を呼んでは講演活動を行っていることを知る。

しかも安倍首相の昭恵夫人が名誉校長を務め、小学校までの教育が継続して行われることを期待しての学校であったことを、名誉校長就任の時の講演で語っていた。

震災避難公園造りと言いながら、豊中市には半分しか払い下げなかったり、貸付は行わないと言いながら、森友学園には例外的に認めていたり、売却価格は、豊中市には周辺価格並みの払い下げ価格で払い下げながら、森友学園には一〇分の一で払い下げたり、また森友学園用地は、もともと住宅地だったという点が、大事な点になってくるという。

森友問題解決に向けてヒントとなる木村市議のお話であった。

※1 「平成二三年度大阪国際空港場外用地（OA三〇一）土壌汚染深度方向調査業務報告書」（二〇一二年二月）国土交通省大阪航空局

第二章

検証——8億円の値引きと埋設ごみ2万トンの推定

第二章では、約九億円の土地を八億円値引く国（国交省）の算定について、次のような観点から疑問点があることを指摘する。

①国の算定により隣接地との払い下げ価格が一〇倍の開きが出ていること

②算定計算式の小・中学生でも分かる間違い

③三メートル以深（より深い）には、ごみが無いとする地層調査報告書

同じ履歴の隣接する豊中市購入土地との10倍差

同じ土地の取引価格になぜ一〇倍もの開きがあるのか？

財務省が大阪国際空港の騒音対策区域として保有していた国有地は、「資料2―1、口絵3」で見るように、全体としては森友学園の敷地の約二倍の大きさがある。写真の左半分を森友学園が購入し、残り右半分は、豊中市が防災避難用の公園として購入している。

この航空写真は、豊中市が国から購入した（二〇〇八年）前の写真である。

その専有面積は、それぞれ「八七七〇平方メートル」と「九四九二平方メートル」であり、鑑定価格は、「九億三〇〇〇万円」と「九億八〇〇〇万円」。しかし、購入した価格は、森友学園は一億三四〇〇万円、豊中市は一四億二三〇〇万円である。

資料2-1　履歴が同じでほぼ同じ大きさの土地が10倍の差
（口絵3参照）

1億3400万円　　14億2300万円

森友に払い下げられた国有地の所有主は、国交省大阪航空局である。その売却の事務を行っているのが、財務省近畿財務局である。第一章のまとめでも記載したが、大阪航空局は、伊丹国際空港の離発着時の騒音が許容限度を超えるという最高裁での判決を受けて、騒音防止区域として買い上げた土地であり、最終的には、災害避難公園として使うという名目で買収が完了した。約二万平方メートルの土地である。

隣接地が一四億円の土地であるとの報道が、多くのメディアでなされているが、単なる隣接地ではなく、同じ履歴を持つ土地だったのである。そしてほぼ同じ大きさの土地が豊中市へは、約一四億二三〇〇万円、森友学園には一億三四〇〇万円である。約一〇倍の差があった。

森友問題の発端となった一七年二月九日の朝日新聞では、「大阪の国有地　学校法人に売却金額非公表　近隣の一割か」と見出しを打って報道した（資料1―4、口絵4）。

そして、森友学園との契約金額が、非公開になっていることに触れ、「この売買契約は、公益目的で購入する自治体、学校法人、社会福祉法人などを優先する『公共随意契約』がとられている。にもかかわらず、非公表にしている点」に疑問を投げかけていた。そして「豊中市との売却価格差が約一〇倍になっている点」も指摘し、この点を尋ねると、財務局から「土地の個別事情を踏まえた。その事情が何かは答えられない」との訳の分からない答弁を受けている。おそらくごみの存在を理由に値引いたことが知られれば、学園の募集等に影響が出るという屁理屈なのだろう。

しかし本当のところは、不当な値引きの実態を知られたくなかったのであろう。

今回の森友学園への払い下げは、一七年の二月九日の時点では、値引きが埋設ごみを理由としていた点は、まだ隠されていたが、それがどのような理由であれ、払い下げ価格の約一〇倍差については、批判が集中していた。

これに対して、フェイスブックなどでは、豊中市も国から約一四億円の補助金が出て、実質約二〇〇〇万円でこの土地を入手している。したがって森友学園の金額一億三四〇〇万円より安い。問題ないという意見が流れている。

同様の主張は、『徹底検証「森友・加計事件」朝日新聞による戦後最大級の報道犯罪』（小川榮太郎著）の単行本にも記載されている。

そしてこの本の第三章「森友問題の核心――九億六〇〇〇万円は、なぜ一億三〇〇〇万円になったか」に次のような記述がある。

「大阪航空局から豊中市に一四億二三〇〇万円で売却されたのは、事実である。だが、豊中市には、同時期国交省の住宅市街地総合整備事業国庫補助金として七・一億円と地域活性化と公共投資臨時交付金として総務省、内閣府から六・九億円が支給されているのである。合計一四億円。つまり豊中市の実質負担金は二〇〇〇万円で、籠池の実質負担額より安い」

「豊中市議の木村真が、この補助金による相殺を知らないわけはない。調べればすぐ出てくるこんな事実を朝日新聞が知らないはずはない」

しかしこの主張の間違いは、行政の仕組みを理解しているものならば、すぐに分かる。

問題になっているのは、国の払い下げ価格に一〇倍もの開きがあることである。ほぼ同じ大きさの国有地が一〇倍もの格差で取引されるということになれば、行政の公平性が守れなくなる。つまり価格が決まっているはずの国有地の払い下げが、公に明らかにできない理由によって、値段が変わるのは許されない。

価格通りに販売されたかが問題になっているのに、ここでは、豊中市のそろばん勘定を持ち出し、補助金が入るから籠池氏と同じ状況になっていると語っている。

国有地の販売価格の問題と補助金問題は別問題である。比べるものが違っていて、行政マンがこの小川論を聞けば、味噌も糞も同じにしてしまう恣意的な論法にひっくり返ってしまうのではないか。

そもそも自治体への補助金は、自治体が計画し、予算化し、実行に移し支出した事業への補助金であり、通常は約半分を補助金支給のマックスとする。また交付金は特定目的の補助金としないのがルールである。

豊中市の担当職員がどのように努力して補助金を獲得したかは知らないが、用地購入の一方で行った補助金を正規の手続きで入手し、地方財政のやりくりしていることには問題はない。

しかし森友学園の場合、九億円の鑑定価格を八割引きにする正当な理由がなく値引いているから問題となっている。

小川氏に問いたいが、ではなぜ豊中市は、二〇〇〇万円の売却価格で購入しなかったのであろうか。一四億二三〇〇万円で購入したこと自体が、土地の公定価格を意識した払い下げ価格だったということである。逆に小川氏の論の破たんを指し示しているといえよう。

朝日新聞への批判ありきという仰々しい単行本を出版しながら、一番核心になる点を問題なしとしているのだから後は推して知るべしである。このような誤った中傷記事が原典となってフェイスブックで流布されている。

埋設ごみ推計計算のデタラメ――誰でもチェック可能な間違い

森友学園は、一五年七月〜十一月末にかけて、貸付を受けた土地の除染や深さ三メートルの浅い層のごみの撤去を行い、その土地の整備作業を㈱中道組が行っている。その後、一六年初頭から校舎や体育館の建設工事にかかっている。同年三月に建設物の基礎の杭を土中深くまで打ち、調査をしたところ、九・九メートルの地下深部からごみが出てきたとして、森友学園が報告をしたとの経緯が報告されている（資料２―３）。

【2回目のごみ処理の算定額が約8億円】

資料2-2　２回目のごみ撤去計算の図面　口絵５参照

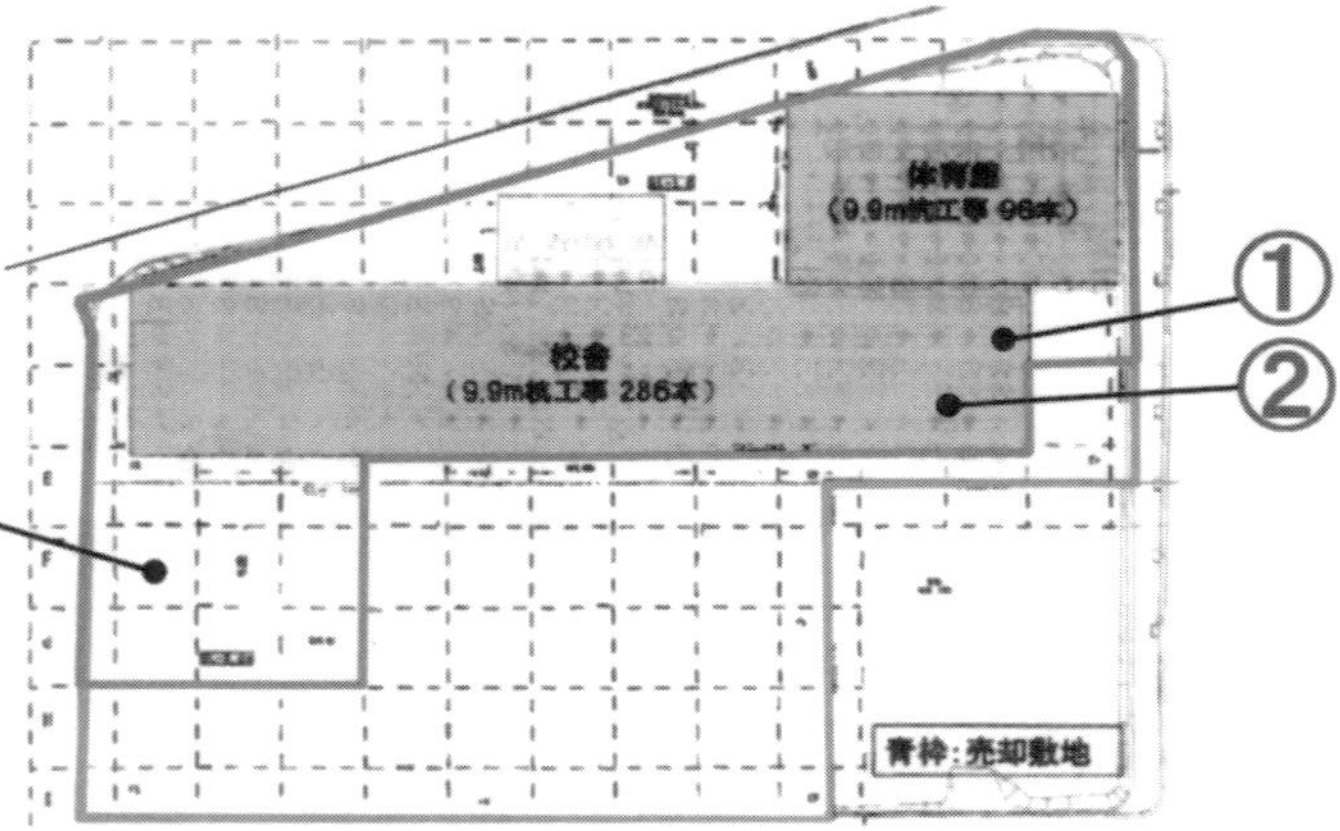

一方、同時期に森友学園から、借地から土地の購入に切り替えたいという希望が出されている。その購入価格を決めるに当たって、財務省はこの土地の所有主である大阪航空局（国交省）に相談し、三メートル以深（より深い）の地下深部のごみ量とその撤去費用を算定した。地下深部に埋まっているごみの量は約一万九五〇〇トンと見積もり、その撤去費に八億一九〇〇万円かかるとし、これを基に八億二二〇〇万円を売却予定価格である九億五六〇〇万円より値引いて一億三四〇〇万円で売却した。一六年六月二〇日に売買契約を行っている。

これが、「第二回目のごみの撤去」である。したがって、二回目のごみの撤去は、実際にごみを撤去して、それにかかった費用を算出したわけではない。国で

資料2-3　貸し付けから売却に至る主な経緯

2010年1月	当該地、地下構造物調査報告書（大阪航空局）
2012年	大阪音大、購入希望（約７億）。鑑定額より安いと断る
2013年6月	公用・公共用の取得（売却）要望の受付開始
9月	森友学園が取得要望書提出
2014年12月	（仮称）M学園小学校新築工事　地盤調査報告書
2015年1月27日	大阪府私立学校審議会。小学校設置認可
2月10日	国有財産近畿地方審議会。森友学園に貸し付け、売却「処理適当」
5月29日	貸し付け契約締結
7月～12月	学園による１回目のごみの撤去（土壌汚染の除染も含む）、（３ｍの低深度）
2016年3月11日	校舎建設の基礎工事（杭打ち工事）で、新たな廃棄物が埋設されていること（高深度）が分かる
3月24日	購入希望を出す
6月20日	近畿財務局が、２回目のごみ撤去算定 ――高深度分のごみの値段として約８億円を算定し、売買価格から減額の上、売買契約（１億3400万円）

ある大阪航空局（国交省）と近畿財務局（財務省）が算定計算を行いはじき出した、単なる想定金額である。しかもその際に、瑕疵担保免責契約を行い、あとでごみの撤去の有無で問題になっても、金銭のやり取りは生じないようにしていた。

【国交省が説明した八億円算定根拠】

八億円の値引きが、単なる想定上の計算で算出されていたことが分かった。では、実際に厳密な計算が行われていたのであろうか。実はあきらかに間違った計算をしていたのである。

国の説明では八億円の算定根拠として森友学園の敷地の約六〇％に当たる五一九〇平方メートルの土地から約一万九五〇〇トンのごみを掘り出す計算になると説明した（資料2―4）。

「資料2―2、口絵5」は、国が説明したごみの撤去計算の図面で、赤線で囲まれたエリアが五一九〇平方メートルとしている。国の説明では、その赤線内を一律の深さで深堀したのではなく、三つのエリアに分けて、深さは九・九メートルと三・八メートルで掘削するようにしている。

「資料2―4」は、国会議員が、国交省から聞き取った詳しい計算方法である。計算は「表面積×深さ」で土壌の「容積」を計算し、その中に含まれる「ごみの割合」を「〇・四七一」と想定して、これを掛けてごみの容積を計算している。それに比重「一・六（トン／立方メートル）」をかけて

資料2-4　ごみ2万tの算定方法
（福島みずほ参議院議員調査―国交省回答）

表面面積×深さ×ごみの割合×補正係数＝ごみの容積
ごみの容積×比重≒重量（ｔ）

①　303㎡×9.9m×0.471×1.2≒1700㎥	
	1700㎥×1.6≒2720 t
② 2377㎡×3.8m×0.471×1.2≒5100㎥	
	5100㎥×1.6≒8160 t
③ 2510㎡×3.8m×0.471×1.2≒5400㎥	
	5400㎥×1.6≒8640 t
計 5190㎡	1万9520 t

重量を算出している。補正係数「一・二」については、左右の数式の計算が合わなかったため、国会議員秘書の指摘で国交省が慌てて説明に加えた。

たとえば①では、この計算方法によりごみの容積を一七〇〇平方メートルとして計算し、それに比重をかけて二七二〇トンとし、②と③は、それぞれ同様に計算し、八一六〇トン、八六四〇トンとし、合計一万九五二〇トンにしている。

「資料２―２、口絵５」の①～③のそれぞれの面積は以下の通り。カラーで見られる口絵５を参照しながら説明する。

①校舎と体育館の基礎杭（それぞれ二八六本、九六本の合計三八二本

分）の合計表面積で、三〇三平方メートル（つまり杭の表面積は一つ当たり約八〇平方センチメートル）

②同じく校舎と体育館の敷地面積のうち、杭の部分を除いたところが二三七七平方メートル

③赤く囲った部分から①と②の面積を除いた部分で、二五一〇平方センチメートル

そして①の部分は、基礎杭を三八二本打ち込んだ時に、深さ九・九メートルまでの穴を掘ることになり、その分、地下深部の土壌を掘削することになるため、①ではその掘削する杭の部分の土壌量から計算するようにしている。

一方、②と③は深さ三・八メートルまで掘ると計算している。校舎や体育館を建てるにあたり、敷地部分や大枠周辺を掘削し、基礎作りを行う上で、三・八メートルまで掘削し、その掘削した土壌を園庭に積み上げる方法をとっている。

つまり①では三〇三平方メートル × 九・九メートルという計算で、基礎杭を打つ際に掘り出した土壌の容積を計算し、②と③では工事に当たって三・八メートルだけ掘り下げ、その分土壌を掘り出すと計算している。

結局、国の説明をまとめて見ると「二回目のごみの撤去計算」の図面（資料2―2、口絵5）で示された赤線のエリアで囲まれた部分を三・八メートルまで一律に掘削し、それに加え、杭の部

資料2-5　８億円ごみ掘削３Ｄ図　　口絵6参照

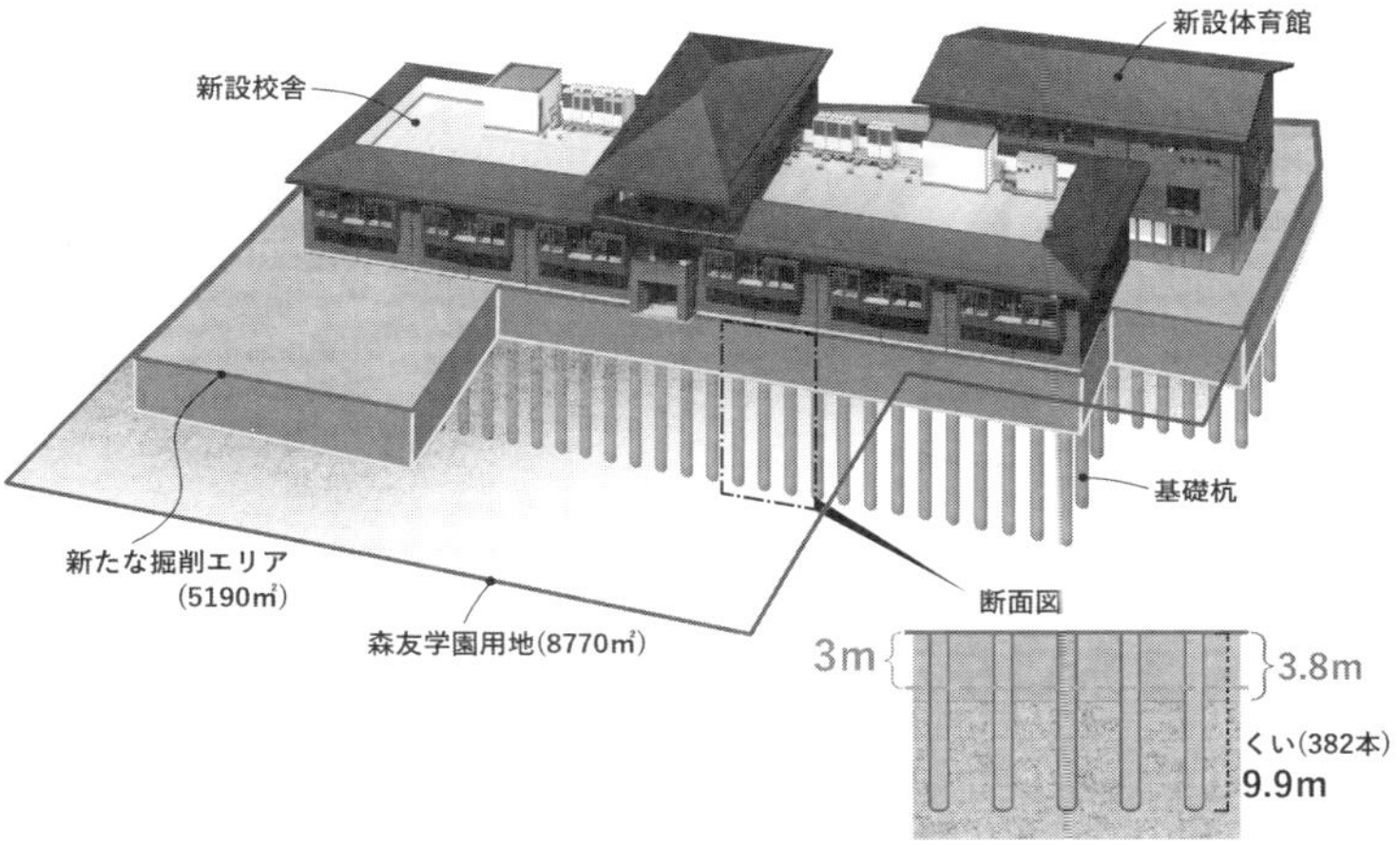

分だけを九・九メートルまで掘削する。その掘削によって排出される土の量にごみの割合（混入率）を掛けて、ごみの撤去量を計算するとしている。それを立体的に示したのが（資料２—５、口絵６）である。３Ｄ図に示された灰色部分が掘削によって土と埋設ごみを掘り出す部分である。

【八億円の算定根拠の間違い】

以上の国が示した算定式の最大の問題点は以下の点にある。ごみ混入率が国の言う通りだとしても、すでに一回目の埋設ごみの撤去によって、深さ約三メートルまではごみを撤去している。したがってその点を考えると「表面積 × 深さ」の計算をするときには、深さは九・九メートルではなく、（九・九－三＝六・九）メートル、三・八メートルではなく（三・八－三＝〇・八）メートルで計算しなければならなかった。

国（国交省）の計算方法では、三メートルまでの埋設ごみ量は、その分を二重に計算していることになる。最初から第一回目の埋設ごみの撤去分を考慮していれば、それだけで、ごみ量も四分の一以下となる計算になった。この二万トン、そして八億円の算定根拠の間違いは明らかである。

この点は3D図（資料2－5）の右下にある断面図を見ればより分かりやすい。断面図に示した三メートルは、一回目にすでにごみを撤去しているエリアであり、右側記載の三・八メートルまで掘削しても、新たに掘削して排出する土壌分は差し引き〇・八メートル分である。

この算定式の問題については、国会の質疑でも指摘され、その他に混入率「〇・四七一」、つまり四七・一％、約五〇％ものごみが在るのか？　と指摘されている。

一般的にごみ量の算定は専門業者の鑑定によって行うが、今回はこの土地の所有主である国交省の専門家が算定した。もし専門家が鑑定したなら、このような杜撰な計算間違いをチェックできないはずはなく、この算定式は格安払い下げを偽装した動かぬ証拠となる（※3）。

なぜこんなずさんな計算を行ったのか。その責任をどのように追及するのかは、当然国会での問題となる。まずは、八億円の算定根拠が間違っていたことを財務省に認めさせることである。麻生太郎財務大臣は、かつて「未曾有」の漢字の読みを間違え話題となったが、今回は小学校高学年でも分かる算数の掛け算の間違いである。

通常、見解が異なる主張の是非を検討していくとき、裁判や特許などの係争でも双方の主張を明らかにしたうえで、双方が納得する事実を確認し、どちらの主張により合理性があるかを判断していく。筆者自身も民間企業の技術研究所の研究者として、長く開発や発明・特許の仕事にかかわってきた経験からいって、今回の国の計算、国の仮説は、算定根拠をみると、計算上の基礎になる事実関係についても論理的な合理性に欠き、間違っていることが分かる。

１回目、汚染土壌約１０００t、埋設ごみ撤去は約９５０t

国交省が約二万トンあるとして二回ものごみの算定に当たって、一五年七月から十一月に掛けて行われた土壌改良事業について、その内容を振り返ってみたい。

実は、この土地は、埋設ごみだけではなく重金属（ヒ素と鉛）によって汚染されていることが、一三年四月、大阪航空局から届け出がされた区域指定地であった。そうした土地の場合、まず除染をした上で、届け（形質変更届）を出し開発に入ることができる。そこでこの一回目の工事は「（仮称）M学園小学校新築工事に伴う土壌改良他工事」（※1）と名付けられ、大きくは土壌汚染対策法と廃棄物処理法によって次の手続きが取られていた。

① 土壌汚染対策法（第四条）によって、校舎建設は法で定めた三〇〇〇平方メートル以上（深さ五〇センチメートル以上）の掘削することになるため、届け出を出す必要がある（工事によって、砂埃などを舞い上げ、周辺住民から問い合わせがあった時に、自治体が答えられるようにしておく）。

② 一方、その用地が有害物によって汚染されていた時には、土壌汚染対策法（第一二条）によって、その除染のための手続きを取り、完了した時には報告書を出す。

③ さらに工事の過程で、その土地に埋設されているごみが見つかった時には、そのごみの種類を記載した上で、どこに処分したのかの報告書をつくる（こうして不法な保管・放置や投棄を防ぐ）。

この②と③の定めによって、二つの報告書（※1、※2）が提出されていたことが分かる。その結果、全体日程（一五年七月二十三日〜同年十一月三十日）の期間内で、以下の動きが生じた。

・汚染土壌の除去作業は、「土壌汚染対策工事」として一五年八月十七日から九月七日にかけて行われ、全体の五％に当たる対象面積四七一平方メートルから、汚染土壌を六六七立方メートル、約一〇八八トンが同土地の区域外に排出されたと報告されている。そしてその汚染土壌は、汚染土壌を浄化する設備を持つ株式会社チョウビ工業の伏見工場で、浄化等処理をしたという報告書が添付されていた。浄化処理をした後の土壌は、用地内に戻している。
・一方、埋設ごみの撤去については、「地中埋設物処理工事」として、この汚染土壌の除染作業の後、一五年九月十四日から同年十一月十日頃までの計画で行われ、先のマニフェスト報告（※2）では、埋設ごみ合計九五二トンは処分場に運ばれている。内訳は「資料２―10」の通り。

以上のように、一回目のごみの撤去工事は有害汚染物の除染作業と並行して行われ、汚染土壌は約一〇〇〇トン、埋設ごみは約九五〇トン処理・処分し、森友学園はこの工事代金の立て替え払い分として国に請求し、一億三一七六万円の支払いを受けている。

一回目のごみの撤去は一五年十一月三十日には終了していたが、廃棄物処理法に基づくマニフェストでの報告は一年に一回であるため、その報告は、請負業者である㈱中道組が、翌一六年五月二日付で行っていた（提出の受付は六月七日）。

ところが、提出されたマニフェストを見ると、処分した廃棄物は「建設汚泥」「コンクリート破片」「建設工事の木くず」「管理型建設系混合廃棄物」であり、いわゆるビニールくず、靴などの生活ごみは含まれていない。「資料2―6」の「地下構造物・状況」報告書（※3）によれば、森友学園が賃借していた用地の浅い三メートルまでの土中には、コンクリートの破片などに交じって、六八カ所中二八カ所、約半分の個所に生活ごみが混在していることが報告されている。コンクリート破片や木くずなどを約九五〇トンも掘り出している以上、その際にそれら産廃ごみに交じって生活ごみを撤去したことに間違いない。

同報告書によれば、土中のごみが土壌に占める割合は、多いところで平均して約五〇％、少ないところでは半分量以下とされている。すでに産廃ごみは土壌と仕分けしていることを考えると、生活ごみも土壌と仕分けして、生活ごみだけを用地内に放置されていたと考えられる。

つまり、森友学園の用地全体について、深さ約三メートルのところまで、埋設ごみは、地中からほぼ撤去していたことが分かる。産廃マニフェストに記載していなかったのは、その分の国からの支払いの確約がとれなかったからであろう。

資料2-6　1回目にごみを撤去したときの
産廃マニフェストの内容

建設汚泥	6.6 t
アスコン破片（10 t ＋20 t ）	30 t
コンクリート破片（350 t ＋340 t ）	690 t
建設工事の木くず	214.5 t
管理型建設系混合廃棄物	12 t
合計	953.1 t

調査報告書の地層図に示された３ｍ以深の様子

森友学園が購買した用地の地層の状態に、国や土壌改良事業を森友学園から受注した民間業者が、調査している。

主だったものは三点ある。この三点は、それぞれ大きな目的は異なっているが、購入した用地の地下の地層の様子が分かる報告書になっている。

そしてこの報告書は、いずれも国が、一六年の段階で入手していた調査報告書であり、その内二件は、国（国交省大阪航空局）が自ら作成したものであり、しかも森友学園との貸付契約書や売買契約書には、同用地の様子を契約にあたって確認する意味で掲載されている。大事な点は、このいずれの調査報告書も共通しているのは、埋設ごみが混入しているのは地表から約三メートルの深さまでに限るという点であり、地層図や柱状図を作成している報告書には、約三メートルまでの深さは、盛り土層や埋立層（以下、盛り土層等）となっていて、埋設ごみの混入は盛り土層等に限っている。それ以上の深さになると堆積層のため、埋設ごみは無いという報告である。

一点目は、「平成二一年度大阪国際空港豊中市場外用地（野田地区）地下構造物状況調査業務　報告書（OA三〇一）二〇一〇年一月　国土交通省大阪航空局作成」（※3）（以下報告書（二〇一〇））であり、一回目の土壌改良に伴う埋設ごみ撤去に参考にしたと思われる。

この報告書は、同用地をレーザー探索装置で探索し、ごみの埋設状態を判断した上で、埋設ごみが見つかった六八カ所の試掘を行い、その試掘結果を調査委員会で分析し、ごみの混入率まで記載した報告書である。その報告書によれば、三メートル以深の場所は、いくつかのごく数カ所の例外を除き、埋設ごみは、三メートルまでの深さにしかない。例外事例の場合も、三メートル以上数センチ以内での混入であり、もしこれらの個所に多少の混入があったとしても、第一回目の埋設ごみの撤去によって地中からは除去されていると考えられる。

二点目は、「仮称M学園小学校新築工事　地盤調査報告書　平成二六年（二〇一四年）一二月」（※4）（以下「仮称M学園報告書」）、つまり本件森友学園が、大阪府から小学校の認可（一五年一月）と財務省国有財産近畿地方審議会による同土地の払い下げの認可（一五年二月）に大きな影響をもった調査・報告書である。

資料2-7　推定地層断面図（「仮称M学園報告書」から）口絵7参照

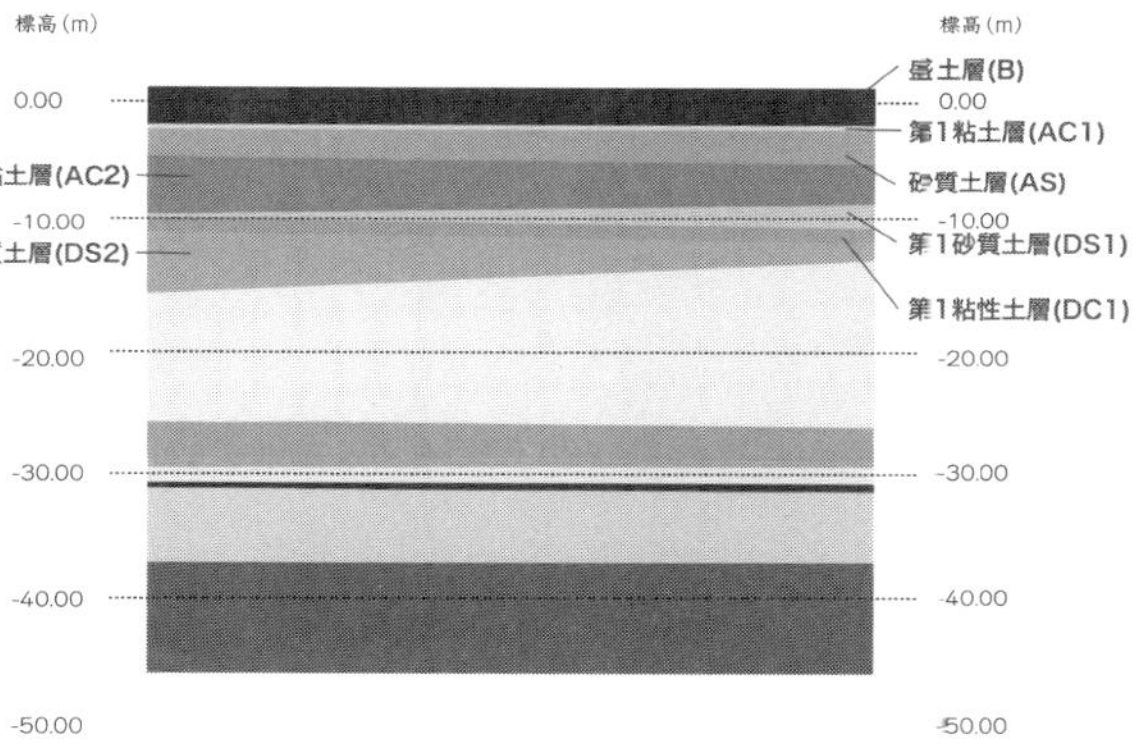

報告内容は、同土地の地層を調べ、一〇メートル近辺の深さに到達すると、支えになる安定した地層が在ることを報告している。「資料２―７、口絵７」は、この調査報告書が調査した地層の断面図である。

埋設ごみの問題では、ここでも三メートル以深には、ビニール等の生活ごみは出てこないことが調査結果として報告されている。

この資料は、財務省が保有していたものであるが、国会議員に開示した資料の表紙の作成者名については、黒塗りしていた。財務省はこの資料をどのように入手したのか、国会議員からの問い合わせに対しても隠し続けてきた。

この調査は、民間企業が行っていたが、調査時には貸し付けも、売却も行っていず、どのような経緯の下で調査ができたのかを隠したかったのだろうか。

いずれにせよ、森友学園の依頼で中道組がこのような調査をできたということが、卵が先か鶏が先かの状況を動かしたことは間違いないであろう。

三点目は、「平成二三年度大阪国際空港場外用地（ＯＡ三〇一）土壌汚染深度方向調査業務報告書」（二〇一二年二月）（※5）である（以下、本件深度報告書）。この報告書は、筆者が豊中市への情報公開請求で入手した約六〇〇ページの資料の中に偶然混入していて見つけたものである。

この本件深度報告書でも地層図（資料2─8）やボーリング個所の柱状図（資料2─9）が含まれ、これらの資料から三メートル以深にはごみがないことが分かった。そして何より重要なのは、作成者が今回の売買契約に当たって、深部に二万トンのごみがあると鑑定した国交省大阪航空局であった。

「資料2─8」の地層図には、上部からＢ1の盛り土層、Ｂ2の埋土層、それに続いてＡＣ1、ＡＣ2、ＡＣ3の沖積粘土層、ＡＳ沖積砂質土層などが続き、土層のＢ2には「ガラ混じり砂礫」と書かれているが、それ以深はいわゆる堆積層が続き、数百年、数千年前に遡って形成された層であり、いわゆる廃棄物、ガラなどが埋設されているはずもないことが分かる。

「資料2─9」の柱状図には、敷地内の五カ所の地点で、ボーリングの穴を約一〇メートルまで

資料2-8　想定断面図（本件深度報告書）　口絵8参照

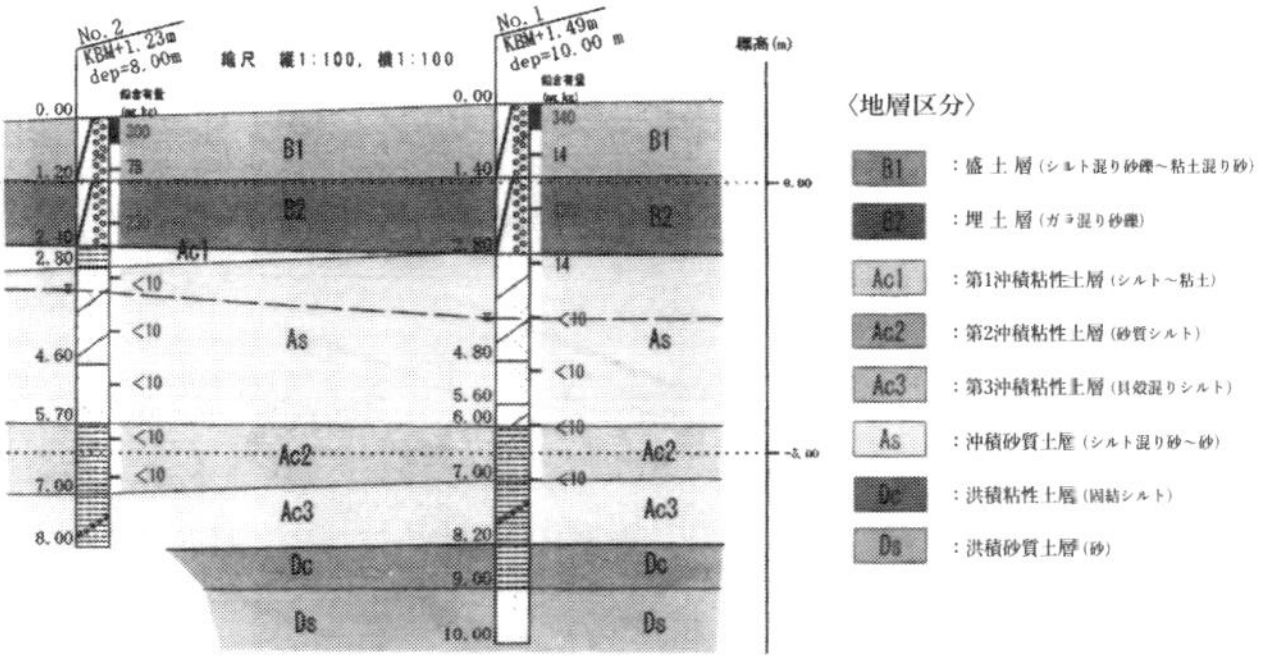

掘削し、九段階に分けて土壌の性状と埋設物のあるなしを調査している。ここでも三メートルより浅い部分からは、土中にコンクリート及びレンガ片、ビニール等のガラが混じっていたことが報告されているが、深部にはそのようなごみは存在しないことが分かる。

先に述べたが、本件用地は、国交省大阪航空局の所有物件であり、国有財産の処分は、財産処理のノウハウを持つ財務省近畿財務局に事務委託していた。売却に当たって、全て取りしきっていた近畿財務局が本件用地の鑑定を依頼したのが、国交省大阪航空局だった。今回見つかった本件深度報告書は、その大阪航空局が五年前の一二年に調査していたものである。

同報告書は、国が森友学園に本件用地を貸し付けたり売買譲渡したりするに当たり、契約書にも明記していたものである。貸し付けに当たって結んでいた「国有財産有償貸付合意書」(一五年五月二十九日)や売買譲渡するに当たって結んだ「国有財産売買契約書」(一六年六月二十日)のなかに、本件深度報告書を記載の上、それぞれ「(これら)記載の地下埋設物の存在及び土壌汚染の存在を了承する」「記載の内容を了承した上で、売買物件を買い受ける」としていた。

つまり国有財産を処分する財務省や国交省の担当者自身が、この報告書の存在を知っていたことになる。

大事なことは、ここで示した三点の調査報告書で示された本件用地の地層状態は、森友学園が貸付契約を受け、さらに売買契約を受けるまで、手つかずであり、そこで示された地層状態は、今回の算定をするにあたっても、参考になる生きた資料であったということである。

こうした点を前提とするならば、

国(国交省大阪航空局)は、一六年三月十一日に、森友学園側(藤原工業㈱)から基礎杭九・九メートルを打つ中で、地中より埋設ごみが見つかったという報告が入った段階で、報告資料で調査済みの地層で見ると三メートル以深から埋設ごみが出るはずはないという返答を返すべきであった。

それでも、森友学園側があるというのであれば、すでに行っている第一回目の埋設ごみの撤去

資料2-9　簡易ボーリング柱状図　口絵9参照

調　査　名　　大阪国際空港場外用地(OA301)土壌汚染深度方向調査業務

ボーリング名	No.1	調査位置	大阪府豊中市野田町1501		
発注機関	大阪航空局	調査期間	平成24年1月12日		
調査業者名	阪神測建株式会社	主任技術者	[redacted]	コア鑑定者	[redacted]
孔口標高	KBM+1.49m	試錘機	ECO-1VⅡ		
総掘進長	10.00m	削孔水	無水		

標尺 (m)	標高 (m)	層厚 (m)	深度 (m)	柱状図	土質区分	色調	相対密度	相対稠度	記事	孔内水位(m)／測定月日	試料採取 深度 (m)	試料番号	採取方法
1	0.09	1.40	1.40		盛土・シルト混り砂礫	黄灰			φ5～20mm位の円礫主体。max φ60mm 砂は細砂主体。含水少ない。		0.95 1.00	1.0	
2	-1.31	1.40	2.80		埋土・ガラ混り砂礫	黒灰			φ10～50mmの角礫状ガラ主体。 コンクリート及びレンガ片，ビニール等混入。 木片及び植物繊維多く混入。含水中～多い。		1.95 2.00	2.0	
3 4	-3.31	2.00	4.80		シルト混り砂	暗灰			砂は中～粗砂主体。 上部は、木片及び植物繊維混入。 4.3m以深はmax10mmの礫及び貝殻片混入。 含水多い。	1/12 4.00	2.95 3.00 3.95 4.00	3.0 4.0	
5	-4.11	0.80	5.60		砂	暗灰			細砂主体。少量の貝殻片点在。含水やや多い。。		4.95 5.00	5.0	
	-4.51	0.40	6.00		シルト混り砂	暗灰			砂は，微～細砂。含水やや多い。		5.95 6.00	6.0	
6	-5.51	1.00	7.00		砂質シルト	暗灰			砂は，細砂。少量の貝殻片点在。 不規則に細砂の薄層を狭在。含水やや多い。		6.95 7.00	7.0	
7 8	-6.71	1.20	8.20		貝殻混りシルト	暗灰			所々、貝殻片多量となる。 不規則に細砂を少量混入する。 含水やや多い。				
	-7.51	0.80	9.00		シルト	青灰			半固結状を呈する。 含水中位。				
9 10	-8.51	1.00	10.00		砂	暗青灰			細～中砂主体。 含水多く、GL-2.0m付近までの被圧水頭を有する。				

がどのように行われ、完了しているのかをまず調べ、対処すべきであった。

その後、国（国交省大阪航空局）は、三月十四日の現地の立会調査をした後は、三月二十四日に近畿財務局とも計らったうえで、三メートル以深の埋設ごみの算定、デスクワークに入っていく。そして無いはずの埋設ごみが、二万トンも在るという大阪航空局の算定結果を示し、八億円の値引きを決めていったのである。

一方、森友学園側では、籠池元理事長が明らかにしたメールのやり取りの中には、小学校舎建設の設計を担当したキアラ設計事務所と酒井弁護士とのやり取りが記録されていた。近畿財務局からの地中の状態を示す柱状図の提出を求められたのに対し、柱状図を出せば、地下深部に埋設ごみが無いことが分かるため、億円単位の利害にかかわるので黙殺することを二人で打ち合わせていた。

最近になって、国は、埋設ごみが二万トンも無かったことが、ようやく広まる中で、論点を埋設ごみの過多ではなく、深部の埋設ごみが見つかった点を籠池氏に取り上げられ、そのせいで小学校の開校が遅れたと脅され賠償請求される恐れがあり、早々と値引きによる売却に応じたとの主張に切り替え始めている。

しかし、深部に埋設ごみが無かったことを知っていた国ならば、脅されることが無かったのは自明の理である。

なお、本件用地の重金属汚染は、ヒ素と鉛が五カ所で見つかり、汚染度の調査から、浅いところで六〇センチ、深い所で二～三メートルに影響していた。長く空地であったため、不心得な業者による不法投棄によるものと見られる。

【まとめ】

国による三メートル以深に新たな埋設ごみが在ったという仮説は、

①その仮設に基づき値引きをした払い下げ価格が、豊中市の価格と一〇倍は異なるという隠しようのない矛盾を露呈

②算定式自体、計算方法自体第一回目の埋設ごみの撤去作業の点を考えない大きなミスをおかしている

③これまでの地下の調査報告に示された地層図や柱状図から三メートル以深は、堆積層になり、そうした地層には、貝殻は出ることはあっても、ビニールなどのごみは無いという報告と矛盾している

以上がよりはっきり分かった。

※1　形質変更届け出区域に係る土地完了報告書（平成二七年一〇月一六日）
※2　廃棄物処理法に基づく産業廃棄物管理票の報告書（平成二八年五月二日）（資料2―2）
※3　「平成二一年度大阪国際空港豊中市場外用地（野田地区）地下構造物状況調査業務　報告書（OA三〇一）」平成二二年（二〇一〇年）一月　国土交通省大阪航空局　大和探索技術株式会社
※4　「仮称M学園小学校新築工事　地盤調査報告書」平成二六年（二〇一四年）一二月
※5　「平成二三年度大阪国際空港場外用地（OA三〇一）土壌汚染深度方向調査業務報告書」（二〇一二年二月）国土交通省大阪航空局

資料2-10　㈱中道組の産廃マニフェスト（H28年度）

様式第三号（第八条の二十七関係）

ページ数 1／2

産業廃棄物管理票交付等状況報告書（平成28年度）

平成28年5月2日

豊中市長　殿

受付
平 28.6.-7
豊環減 462 号
豊中市

報告者
住　所　　大阪府大阪市都島区片町１－３－４
氏　名　　株式会社中道組　代表取締役　中道正伸
（法人にあっては名称及び代表者の氏名）

電話番号　　06-6352-4775

廃棄物の処理及び清掃に関する法律第12条の3第7項の規定に基づき、平成27年度の産業廃棄物管理票に関する報告書を提出します。

事業場の名称	（仮称）森友学園小学校新築工事に伴う土壌改良他工事	業種及びコード	6　総合工事業
事業場の所在地	〒5610855大阪府豊中市野田町1501　電話番号 06-6352-4775	担当者名	[redacted]

番号	産業廃棄物の種類及びコード	排出量(t)	管理票の交付枚数	運搬受託者の許可番号	運搬受託者の氏名又は名称	運搬先の住所及びコード	処分受託者の許可番号及び処分方法コード	処分受託者の氏名又は名称	処分場所の住所及びコード
1	建設汚泥 0221	6.6	3	2700010491	株式会社プラスパア	京都府京都市伏見区深草神明講谷町１２番１３番２２番２３番２４番２．２７番 26100	6521002843 211	株式会社田端工業	京都府京都市伏見区深草神明講谷町１２番１３番２２番２３番２４番２７番 26100
2	アスコン破片 1502	10	1	2700144588	小松義正	京都府長岡京市勝竜寺蔵道１３番ほか６筆 26000	2620006048 207	前田道路株式会社	京都府長岡京市勝竜寺蔵道１３番ほか６筆 26000
3	コンクリート破片 1501	350	35	2700144588	小松義正	京都府長岡京市勝竜寺蔵道１３番ほか６筆 26000	2620006048 207	前田道路株式会社	京都府長岡京市勝竜寺蔵道１３番ほか６筆 26000
4	アスコン破片 1502	20	2	2710035961	株式会社摂津産業	京都府長岡京市勝竜寺蔵道１３番ほか６筆 26000	2620006048 207	前田道路株式会社	京都府長岡京市勝竜寺蔵道１３番ほか６筆 26000

備考
1　この報告書は、前年４月１日から３月３１日までに交付した産業廃棄物管理票について６月３０日までに提出すること。
2　同一の都道府県（政令市）の区域内に、設置が短期間であり、又は住所地が一定しない事業場が２以上ある場合には、これらの事業場を１事業場としてまとめた上で提出すること。
3　産業廃棄物の種類及び委託先ごとに記入すること。
4　業種には日本標準産業分類の中分類を記入すること。
5　運搬先又は処分を委託した産業廃棄物に石綿含有産業廃棄物が含まれる場合は、「産業廃棄物の種類」の欄にその旨を記載するとともに、各事項について石綿含有産業廃棄物に係るものを明らかにすること。
6　処分場所の住所は、運搬先の住所と同じである場合には記入する必要はない。
7　区間を区切って運搬を委託した場合又は受託者が再委託を行った場合には、区間ごとの運搬受託者又は再受託者についてすべて記入すること。

（日本工業規格　A列４番）

様式第三号（第八条の二十七関係）

ページ数 2／2

産業廃棄物管理票交付等状況報告書（平成28年度）

平成28年5月2日

豊中市長　殿

報告者
住　所　　大阪府大阪市都島区片町１－３－４
氏　名　　株式会社中道組　代表取締役　中道正伸
（法人にあっては名称及び代表者の氏名）

電話番号　　06-6352-4775

廃棄物の処理及び清掃に関する法律第12条の3第7項の規定に基づき、平成27年度の産業廃棄物管理票に関する報告書を提出します。

事業場の名称	（仮称）森友学園小学校新築工事に伴う土壌改良他工事	業種及びコード	6　総合工事業
事業場の所在地	〒5610855大阪府豊中市野田町1501　電話番号 06-6352-4775	担当者名	[redacted]

番号	産業廃棄物の種類及びコード	排出量(t)	管理票の交付枚数	運搬受託者の許可番号	運搬受託者の氏名又は名称	運搬先の住所及びコード	処分受託者の許可番号及び処分方法コード	処分受託者の氏名又は名称	処分場所の住所及びコード
5	コンクリート破片 1501	340	34	2710035961	株式会社摂津産業	京都府長岡京市勝竜寺蔵道１３番ほか６筆 26000	2620006048 207	前田道路株式会社	京都府長岡京市勝竜寺蔵道１３番ほか６筆 26000
6	建設工事の木くず 0810	214.5	15	2700159214	大宮グリーン開発株式会社	大阪府大東市龍間１１９５番地ほか４筆 27218	2720103484 207	株式会社都市樹木再生センター	大阪府大東市龍間１１９５番地ほか４筆 27218
7	管理型建設系混合廃棄物 2020	12	4	2710000642	株式会社樋口商店	大阪府四條畷市大字砂５５６番１ほか８筆の一部 27229	2720000642 207	株式会社樋口商店	大阪府四條畷市大字砂５５６番１ほか８筆の一部 27229

備考
1　この報告書は、前年４月１日から３月３１日までに交付した産業廃棄物管理票について６月３０日までに提出すること。
2　同一の都道府県（政令市）の区域内に、設置が短期間であり、又は住所地が一定しない事業場が２以上ある場合には、これらの事業場を１事業場としてまとめた上で提出すること。
3　産業廃棄物の種類及び委託先ごとに記入すること。
4　業種には日本標準産業分類の中分類を記入すること。
5　運搬先又は処分を委託した産業廃棄物に石綿含有産業廃棄物が含まれる場合は、「産業廃棄物の種類」の欄にその旨を記載するとともに、各事項について石綿含有産業廃棄物に係るものを明らかにすること。
6　処分場所の住所は、運搬先の住所と同じである場合には記入する必要はない。
7　区間を区切って運搬を委託した場合又は受託者が再委託を行った場合には、区間ごとの運搬受託者又は再受託者についてすべて記入すること。

（日本工業規格　A列４番）

第三章

産廃マニフェストが明らかにする「3メートル以深にごみは無い」

いよいよ産廃マニフェストによって、国が想定していた埋設ごみの在る無しに審判が下ることになった。

森友学園が校舎建設を請負契約していた藤原工業㈱が、一七年五月十九日に豊中市に提出した産廃マニフェストが入手できることになった。

産廃マニフェストとは、産業廃棄物管理票交付等状況報告書のことである。事業活動には、廃棄物の排出を伴う。その廃棄物が不法投棄されたり、違法に処理されて廃棄されることがないように排出の行方を届ける仕組みである。

産廃マニフェスト入手までの経緯

森友問題、最大の核心点である八億円の撤去費がかかる埋設ごみが在ったのかどうか？　第二章に示したような大きな疑念の中で、筆者は、国の役人の背任行為に対して、市民団体「森友告発プロジェクト」が東京地検特捜部に提出した背任罪の告発状を提出するに際して、資料を提供し、意見書も書いた。

別の市民団体「健全な法治国家のために声を上げる市民の会」（八木啓代代表）は、森友問題での資料の廃棄に対して、公用文書毀棄罪で訴えていた。これらは両方とも、九月半ば受理され、大阪地検特捜部に送付された。

市民団体の告発状が受理されるのは、珍しいことであるが、それだけこの問題は、社会の声なき声を受けて注目されていたといえる。

一方、第二章に示した埋設ごみは無いという諸資料と見解について、筆者は月刊誌やネットのニュースサイトに報告してきた。

そうした中でごみが無かったことが、ネットを中心に広まった。

国会では、二万トンのごみがあるとして算定した国が、深部のごみの存在を自ら調査していなかったことが分かった。一七年五月九日の国会審議で民進党（現立憲民主党）の小川敏夫参議院議員の質問に、国交省の佐藤善信航空局長が、値引きする八億円の算定について、ごみが在った深さまで実際には確認せず、「総合的に勘案して見積もった」と答弁して明らかになった。総合的に勘案してというのは、森友学園側の業者がそのように言っていたということでしかなかった。

ところが五月十六日に、籠池氏が当時の民進党のヒアリングに出席し、森友学園側の業者や弁護士のやり取りメールを明らかにし、森友学園側の業者自身が深部にはごみがないという事実を掴んでいたことを明らかにした。

このように、三メートル以深にごみがあることは、国が調べたわけではなく、業者が言っていただけと分かった後に、その業者自身が「ごみが無い」ことを知っていた事実が明らかになったのである。

さらに、第二章で記載したように筆者が本件深度報告書を、豊中市への情報公開請求によって入手し、もともと三メートル以深の深部にはごみが無かったという調査報告書を、当の国交省大阪航空局自体が作成していたことが分かったのである。

小川参議院議員の質問への国、国交省の答弁では、ごみが在ることの裏付けさえ取らずに八億円を値引いていたというひどい実態が明らかになったが、裏付けを取るどころか、深部にはごみが無かったのを業者より早く知っていたのは、国の役人たちであった。

こうした中で、いよいよ産廃マニフェスト（産業廃棄物管理票交付等状況報告書）が公表されることになった（資料3—1、口絵12）。

事業活動の結果排出されたごみは、すべて報告されるマニフェスト

筆者は、もともと民間大手時計会社の研究者だった。研究所に勤めながら廃棄物学会（現廃棄物資源循環学会）の設立当初からの会員であった。時計と廃棄物という点では、使い捨ての電池が有害物として問題になっていた。当時は水銀を含有していたため、生ごみの堆肥化などの処理

資料3-1　産廃マニフェスト（平成29年度）藤原工業㈱

口絵12参照

様式第三号　(第八条の二十七関係)

産業廃棄物管理票交付等状況報告書（平成28年度）

29年 5月 19日

(あて先)　豊中市長

受付
平 29.5.19
豊環減　号
豊中市

報告者
住　所　大阪府吹田市寿町2丁目26番
名　前　藤原工業株式会社　代表[illegible] 浩一 [redacted]
(法人にあっては名称及び代表者の名前)
電話番号　06-6381-5000

廃棄物の処理及び清掃に関する法律第１２条の３第７項の規定に基づき、平成28年度の産業廃棄物管理票に関する報告書を提出します。

事業場の名称	瑞穂の國記念小學院新築工事					業種及びコード	コード 06	業種 総合工事業
事業場の所在地	豊中市野田町10				電話番号	06-6381-5000	担当者名	工事部工事課

番号	産業廃棄物の種類及びコード	排出量（t）	管理票の交付枚数	運搬受託者の許可番号	運搬受託者の名前又は名称	運搬先の住所及びコード	処分受託者の許可番号及び処分方法コード	処分受託者の名前又は名称	処分場所の住所及びコード
1	新築系混合廃棄物 2021	194.2	71	第02700001404号	㈱日本リサイクル	大阪市大正区三軒家東3丁目7-21 27100	第6620001404 207	㈱日本リサイクル	

備考
1　この報告書は、前年４月１日から３月３１日までに交付した産業廃棄物管理票について６月３０日までに提出すること。
2　同一の都道府県（政令市）の区域内に、設置が短期間であり、又は所在地が一定しない事業場が２以上ある場合には、これらの事業場を１事業場としてまとめた上で提出すること。
3　産業廃棄物の種類及び委託先ごとに記入すること。
4　業種には日本標準産業分類の中分類を記入すること。
5　運搬又は処分を委託した産業廃棄物に石綿含有産業廃棄物が含まれる場合は、「産業廃棄物の種類」の欄にその旨を記載するとともに、各事項について石綿含有産業廃棄物に係るものを明らかにすること。
6　処分場所の住所は、運搬先の住所と同じである場合には記入する必要はないこと。
7　区間を区切って運搬を委託した場合又は受託者が再委託を行った場合には、区間ごとの運搬受託者又は再受託者についてすべて記入すること。

(日本工業規格　A列４番)

の上でも、むやみに廃棄されることで問題が発生した。廃棄物問題と多少の付き合いがあったため、産廃マニフェストについても知っていた。

森友との関係で廃棄物処理法上、産廃マニフェストが問題になるのは、事業活動を行う中で発生した産業廃棄物（以下産廃）は、その種類と運送業者、処理業者名を記して、どのように処理したのかを地方自治体（都道府県もしくは政令指定都市、中核衛星都市）に届けることが義務づけられている点である。

建設事業の場合、元請けになっている事業者が、建設事業にかかわっている他の事業者の排出分を含め、一年に一度定められた地方自治体に届ける必要がある。

今回の森友学園の場合だと、一五年の土壌改良事業は、㈱中道組が請負い、その中で行った埋設ごみの撤去によって、排出された産廃は、翌年の一六年五月二日に豊中市に「平成二八年度報告」として報告していた（78頁参照）。その内訳は、「資料2―6」に示した。

一方、一六年に校舎建設を森友学園から請け負った藤原工業㈱は、「平成二九年度報告」（資料3―1）として、翌年一七年五月十九日に提出した。

国が三メートル以深の地下に新たな埋設ごみが見つかったとして、八億円も値引いたことは多くの疑念があることは報告していたが、もしそこで国の予想通りに二万トンのごみが見つかっていれば、藤原工業㈱によるマニフェストで記載され、報告されるはずである。

建設事業は、多くの関連事業者が参加した事業になる。基礎のコンクリート打ち。上下水道の配管、電気配線、大工、左官、塗装、屋根などなど。事業活動によって廃棄したものは元請けがまとめて報告することになっている。

しかも廃棄物処理法では、廃棄物の地中保管は、そこが自分の所有地であっても禁止されている。もし地中保管、つまり土の中に埋めて保管することが許されれば、格安で購入した土地から埋設ごみがザクザクと出てくれれば、土地の値段が定まらず、売り買い自体が公正な形で不可能になる。

そんなこともあって、藤原工業㈱が提出する産廃マニフェストがどのような内容で報告されるかと注目していた。豊中市では、一六年の四月一日から一七年の三月三十一日の事業分は、平成二十九年度分として一七年六月までに報告されるという話であった。五月になって二度目に問い合わせたところ、藤原工業から報告書が提出されているということであった。情報公開請求をしたが、公開に二週間かかるため、豊中市の木村市議に連絡すると既に入手しているということだった。早速ＰＤＦで送ってもらったのが「資料３―１」である。

新築混合廃棄物194・2tと2枚の写真が語る

入手したマニフェスト（資料3―1）には、驚いたことに新築混合廃棄物が、一九四・二トンと記載されていた。約二〇〇トン。二万トンの一〇〇分の一であった。

森友学園が運営する予定だった小学校（大阪府豊中市）の園庭には、九・九メートルの杭打ち約三八〇本と地下三メートル以深から掘削した土壌が山のように積み上げられ、一部青いビニールシートをかぶせていた（資料3―2、口絵13）が、一七年三月には「資料3―4、口絵15」のように片付けられている。

その土壌を学園用地外に運び出した時には、土壌中に混入している埋設ごみは、ごみがどれだけ混入していたのかを示すマニフェスト（産業廃棄物管理票交付等状況報告書）に記載され報告されることになる。

ところが、公表され運び出されたごみは、一九四・二トンとの記載があり、しかもそれは、埋設ごみではなく、新築に伴って排出された廃棄物、新築混合廃棄物でしかなかった。

豊中市の事業ごみ指導課によると、マニフェストで報告されている新築混合廃棄物には、埋設

資料3-2　掘削した直後の様子（2016年5月23日）　口絵13参照
撮影：木村真

資料3-3　工事建設中の写真（2016年8月7日）　口絵14参照

ごみは含まれない。校舎建設中に建設に伴って廃棄された建築材料や梱包材、木切れ、金属片などであり、建設工事中は、同地に大きな金属の箱「バッカン」を複数個備え、いっぱいになると運び出したという。これが新築混合廃棄物である。運び出した回数は七一回になり、合計重量が一九四トンのため一杯分は約三トンになる計算となる。

近畿財務局の説明では、二万トンのごみは土壌中の土に混じって約五〇％の割合で含まれているとこれまで説明されてきた。そのため工事の進展に伴い、掘削された〝ごみ混じりの土砂〟は、森友の園庭に積み上げられ山積みにされた土壌の中に、それらのごみがあるものと説明されてきた。

工事が始まって約一年、一七年四月一日に開校予定の校舎の建設は三月には完了し、園庭に積み上げられた土壌は、三月十二日に撮影された写真「資料3―4」で見ると、積み上げられていた土壌の山は処理・整地され、ほぼ全量撤去されている。

山積みだった土砂は、今は敷地内から運び出され、事業活動を行っていた用地外に運び出されている。運び出されたごみは埋設ごみとしてマニフェストに記載される必要がある。ところがマニフェストには、埋設ごみはゼロであった。

森友学園の用地からは、第一回目の埋設ごみと撤去によって運び出された埋設ごみ約

資料3-4　積み上げていた土壌を撤去した後の写真
（2017年3月12日）　口絵15参照　撮影:木村真

九五三・一トンは㈱中道組の産廃マニフェストに報告されていた。

しかし、第二回目の国が算定した撤去に八億円かかるとした二万トンのごみは、二万トンどころか一トンも見つからなかったのである。

校舎建設に入って見つかったとされた地下深部のごみ、今回の問題の核心点であった「新たな埋設ごみ」「三メートル以深の埋設ごみ」は、無かったことが、産廃マニフェストによってはっきりした。

「資料3－3」は森友学園の校舎建設中の写真であり、一六年八月七日に撮影したものである。口絵14がそのカラー写真だが、手前の青いビニールシートで覆われたのが掘削した土壌の山である。この土壌の山も「資料3－4」で見るように一七年三月にはすっかり片づけられ搬出されている。

新たな埋設ごみはゼロ
——3m以深からはごみは出ていない

結局、疑念だらけであった八億円の値引きに相当する埋設ごみは、二万トンは、計算上もおかしかったように、国が仮装した（デッチ上げた）ごみでしかなく、しかも地中保管は法律で禁止されている以上、学園用地から新たに排出されることは、もはやないと考えてよかった。

産廃マニフェストによって、国が二回目に想定した埋設ごみは無かったのである。新たなごみと国が言っていたごみが一トンも無かったとすると（※1）値引きは、全く根拠が無く、国有財産を損なう行為である。

ごみが無いことを担当した役人たちが知っていたかというと、第二章で示したように、これまでの調査資料からいって、分かっていたといえる。

結局、九億円を価格いっぱいまでに値引く為にごみの存在をでっち上げた行為だったといえる。したがって八億円の値引きは国有財産を損なうものであり、このことは背任罪が問われること

資料3-5　工事中の掲示版　　　　口絵10参照

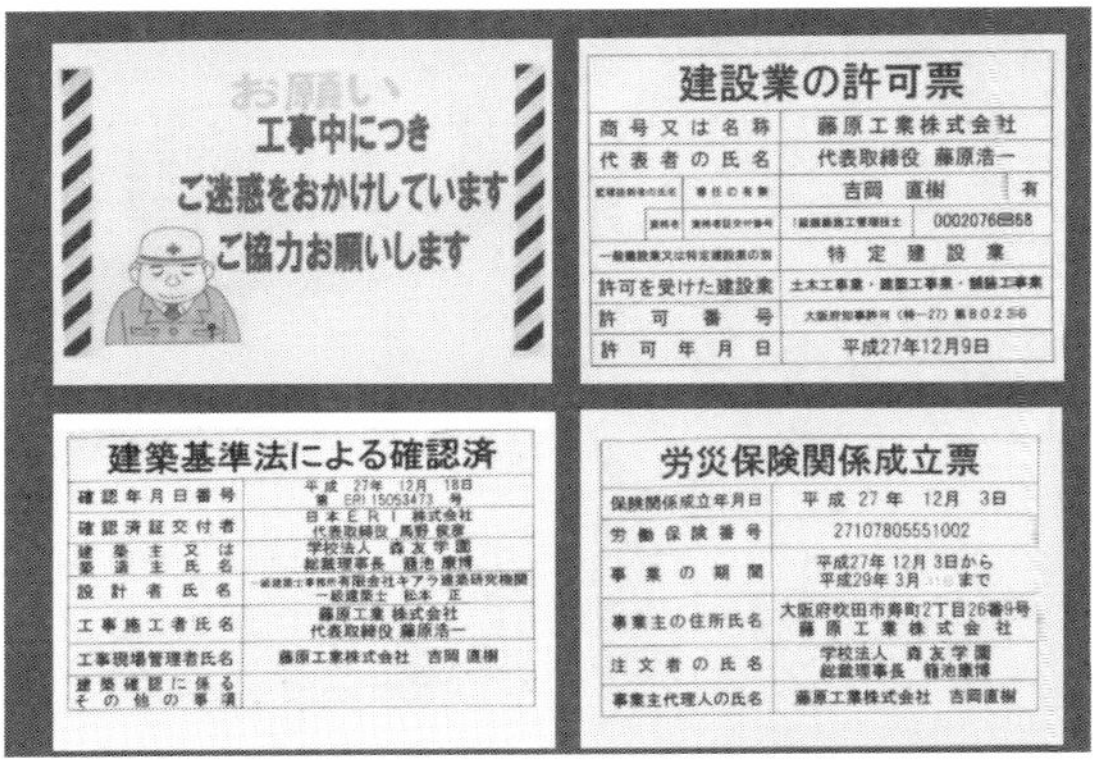

がよりはっきりした。

藤原工業㈱は一五年の年末に森友から建設工事を請け負い、一六年に工事を開始している（資料3―5、口絵10）。三月十一日に校舎建設のための基礎杭を打っていたところ九メートルの深部からごみが出てきたと報告し、それを受けて近畿財務局が三メートル以深に二万トンのごみが在ると発表し、その撤去料として計八億円と算出したのである。

こうした一切の経緯は、虚偽の二万トンを在ると見せるための芝居だったことになる。

国家公務員はいったい何をしているのか？

大手メディアが報じなかった真実

筆者は、この重大事を報告するために一七年七月七日（金）衆議院会館で、市民団体に提案し、場所を作ってもらい、記者会見を持った。この発表に答えてこの産廃マニフェストの問題を報じたのは日刊ゲンダイと週刊朝日だけだった。日刊ゲンダイは「森友8億円の値引きの根拠、埋設ゴミ『2万トン』実は一〇〇分の一」と報じた。筆者は、その後ネットのニュースサイトBJ（ビジネスジャーナル）で報告し、それには一五人の有名ブロガー(数万人から五〇万人のフォロアーを持つ)がすばやく反応し、取り上げてくれた。

その結果、この産廃マニフェスト報告は、日刊ゲンダイ（ネット版）を含め、約五〇〇万人が目を通すことになった。また東京新聞も翌週の七月十日の衆議院の委員会で福島伸享議員が質問で、この産廃マニフェスト問題を取り上げた点を、七月十一日に第二面に大きく記事にして取り上げた。

しかし肝心の大手メディアは、報告することはなかった。そのためネット上は、八億円の埋設ごみは無かったということになったが、世間一般では、森友問題の核心は、埋設ごみが在るかどうかとの入り口論が今も流布されている。

ある会合で新たな埋設ごみは無かったのですよ、と筆者が話すと、参加者が一様に「え！」「本当ですか？」と反応した。

このような分かりやすい事実すらなぜ世間に伝わっていかないのであろうか？

大手メディアは、なぜ報道しないのか？

その七月七日の記者会見では、筆者はカラー刷りの資料を作り、配布した。一枚の公文書、産廃マニフェストの意味と当時の写真情報、そして新築混合廃棄物の意味さえ分かれば報道できるはずではないだろうか。

産廃マニフェストへの理解が足りないのか？ それとも、まさか安倍内閣への忖度があったとは思いたくないが。

この産廃マニフェストが、大手メディアの一部で取り上げられたのは、五カ月後、一七年の暮れ十二月十三日であった。当時の民進党のヒアリングで、国交省は、二万トンではなく一九四トン、つまり約一〇〇分の一であることを認めたのである。

この件では、朝日新聞のほか時事通信等も取り上げ、全国に配信されることになった。しかし年の暮れであり、この問題がもう一度森友問題を注目させるきっかけとはならなかった。

高知新聞は、

「【森友の撤去ごみ】もう言い逃れはできない」

「……小学校の建設用地から撤去されたごみの量は国の算定の一〇〇分の一だったことが分かった。民進党の調査チームの会合で、国土交通省大阪航空局が明らかにした…〈略〉ごみの量を巡っては会計検査院が十一月、国の見積もりは過大と指摘。…〈略〉新たな事実もこの指摘を裏付けるものである。それにしても一〇〇分の一とは看過できない。算定が不十分であるにしてもほどがある。作為的と疑う声が出て当然である。…〈略〉安倍昭恵首相夫人が一時名誉校長に就任していた小学校の建設は、かくも異例ずくめだ。手続きが歪められているのは明らかである。しかも政府のこれまでの対応はあまりに不誠実である」と小気味よく報道している。

【まとめ】

自然科学では、「質量不変の法則」は、ある意味で常識である。物質は形を変えることがあっても存在自体が無くなることはない。今まであったものが「無い」とすることはできない。逆に無いものを在るとすることもできない。

ところが現実の世界では、在るはずもないごみを在るとして、権力に座るものや権威を立てに、言い張り、「処理は適正に行われている」と言ってきた。

しかし、無いものを在るということは、無理筋であり、その無理によるほころびによる矛盾点を見つけ、今回の場合、決定的ともいえる産廃マニフェストに一トンの埋設ごみの記載が無いことを掴んだのである。

これでこの問題は、オシマイと考えていたら、そうはいかなかった。権力監視の大役を社会的に担っている大手メディアが、その簡単な事実を報道しなかったのである。一部だ報道したのが約半年後であった。

その一方で、国は、森友問題の責任を籠池夫婦に押し付け、すたこらと逃げ始めた。

第四章

籠池氏逮捕と市民の告発（背任罪＆公用文書毀棄罪）の受理

森友問題は、産廃マニフェストによって、新たな埋設ごみは無いことが、事実として分かった。しかしこの事実は、ネット上は大きく広がったが、大手メディアが、続いて事実報道しなかったことも手伝い、問題解決は延ばされ、混とん状態を抱えて進んでいくことになった。

社会的には、森友問題に加え、加計問題が大問題となり、森友・加計問題を「モリ・カケ」問題と世間では取り上げられ、国の政治を「私」に利する、自分の縁故者に利する、政治の私物化として、安倍内閣への批判が高まった。

都議選では自民党が七月大惨敗する事態が起きていた。政治が歪められている。昭恵首相夫人が名誉校長をしていた森友学園で格安の払い下げがあり、首相の腹心の友である加計孝太郎氏が理事長を務める加計学園一校だけが、獣医学部新設が認められるという歪みが生じている。

モリ・カケ問題を問う野党は、通常国会の終幕後も、臨時国会の開催を要求したが、安倍内閣はそれに応じず、内閣改造をはさみ、当時の民進党蓮舫代表の辞任、前原誠司氏の代表就任と続き、九月臨時国会の開会の日に解散総選挙という経緯をたどった。

総選挙は、実質モリ・カケ問題の是非が問われていたはずが、北朝鮮の核とミサイル問題による国難突破選挙が前面に打ち出された選挙となり、自公与党の勝利に終わる。

その間、森友問題では、大きな変化があった。

佐川前理財局長の国税庁長官就任と籠池夫婦の逮捕

森友・加計学園問題を受けて自民党は先の東京都議選で惨敗するなど、支持率が低下するなかで内閣改造を行った。

森友問題の核心点である、存在しない二万トンの地中ごみの処理費用分として国有地を八億円値引きし、国家財政を損失させた財務省の背任行為が明るみとなっていたが、麻生太郎財務相は、そのまま留任した。一方、内閣改造の三日前、七月三十一日に森友学園の籠池泰典・詢子夫婦が逮捕され（資料4―1）、安倍首相は、追い打ちを掛けるように、〝詐欺を働く籠池氏に振り回された〟と語り、まだ容疑でしかない段階での首相の決め付け発言には批判が出た。

逮捕によって、森友問題での幕引きを狙っていることは明らかになった。

一方、これより少し早く、国会の質疑の中で、「交渉記録は廃棄した」「値段の上で森友学園と事前交渉はしていない」「適正に処理されている」と後に虚偽と分かる発言を行った佐川宣寿理財局長が、約五万人の職員を擁する財務省・国税庁長官に就任した。就任の記者会見のない異例ともいえるものであった。

安倍政権は森友問題をめぐり真相隠しのために盾となった佐川氏を栄転させ、その一方で格安払い下げ問題の一切の責任を籠池氏に押し付けた。こうした事態を受けて、福田康夫元首相も「国家が崩壊する」と指摘する事態が進んでいた。

そして籠池夫婦の逮捕拘留後、約一〇月、ようやく五月二十六日、保釈決定されて記者会見を行った。

その森友問題をめぐり、大手メディアの報道でも変化が見え始めた。八月三日放送の『報道ステーション』(テレビ朝日系)では、財務省近畿財務局との交渉に向けて森友学園と施工会社、弁護士、設計会社が行った打ち合わせのメモが見つかったとし、これまで財務省が「森友側と売買価格について事前交渉してきたことはない」との発言を行ってきたことに反して、売却価格ありきで値下げの交渉を行ってきたと報じた。また、値下げのために「九メートルの深さまで何か出てくるという報告をするよう、財務局から森友側に言われている」という内容も明かされた。

またFNNは、一六年五月中旬から下旬に籠池氏側と近畿財務局担当者で交わされたやりとりの音声データを入手したとし、国有地売買の交渉を続けてきた近畿財務局の池田靖前国有財産統

資料4-1　籠池氏逮捕を報じる新聞（東京新聞）

330号　（明治25年3月12日第3種郵便物認可）

「忖度」解明どこまで

籠池前理事長夫妻 逮捕

補助金詐取容疑

大阪地検特捜部は三十一日、国の補助金をだまし取ったとして詐欺の疑いで、学校法人「森友学園」（大阪市）の前理事長の籠池泰典（本名・康博）容疑者（六四）と妻諄子（本名・真美）容疑者（六〇）を逮捕した。籠池容疑者はこれまで不正への関与を否定しており、関係者によると、二人は黙秘する方針という。この日は二十七日に続き、二度目の出頭要請だった。＝昭恵氏の喚問要求❸捜査の行方は㉕面

■森友学園を巡る疑惑■

- 近畿財務局担当者が国有地を不当に安く売ったとする背任容疑（告発）
- 首相夫人の昭恵氏と夫人付き職員が国の予算方針を学園側に伝えたとする国家公務員法違反容疑（告発）
- 籠池容疑者は首相側から100万円の寄付を受けたと主張
- 大阪府、市の補助金を不正受給したとする詐欺容疑（告訴）

3月、衆院予算委の証人喚問で証言する籠池泰典容疑者

学園を巡っては二月、大阪府豊中市で開校を予定した小学校の用地となった国有地が、八億円余り値引きされ売却された問題が発覚。名誉校長に一時就いた安倍昭恵首相夫人の意向が影響したかなど、疑惑が山積している。

逮捕容疑では二〇一六年二月下旬ごろ、小学校校舎を巡り、京都市の設計事務所役員と共謀した上、本来は約十五億五千万円の工事費を約二十三億八千万円と偽って記載した工事請負契約書を国土交通省側に提出し一六年三月～一七年二月、約五千六百万円を詐取したとされる。

補助金は木造建築技術の普及を目的とする内容で、学園は三月下旬に全額を返還。

だが関係者によると、特捜部は金額が大きく、返還は契約書の問題が発覚した後だったとして悪質性は高

核心は国有地8億円値引き

【解説】森友学園の前理事長籠池泰典容疑者らの逮捕で、補助金不正を巡る捜査は節目を迎えた。しかし、この事件の核心はほかにある。なぜ学園が八億円余りの値引きを受け、国有地を購入することができたかだ。

学園が小学校建設のために購入した土地の評価額は、近畿財務局の算定で当初九億五千六百万円だった。しかし、昨年三月に地中から生活ごみや廃材が見つかったため撤去費用が差し引かれ、一億三千四百万円になった。

近畿財務局はごみの量を一万九千五百トンと見積もって値引き額を算出したという。しかし、小学校の施工業者が豊中市に報告したごみの排出量は百九十四トン。撤去費算定の不自然さなどが国会で追及されたが、財務省の佐川宣寿（のぶひさ）前理財局長（現国税庁長官）は「売買交渉の記録は破棄した」として物証を

括官とみられる人物が「われわれの見込んでいる金額よりも、(撤去費が)少なくても、われわれは何も言わない」と話していたと報じた。

週刊誌「AERA」(朝日新聞出版/八月七日号)も「籠池夫婦を逮捕　事件本丸は、地検の身内〝財務省〟」と報じ、安倍首相を忖度し「行政を歪めてきた」財務省の実態を明らかにした。特捜部が出て、政治家が逮捕され、曖昧模糊とした事件に決着がつくというのは、過去の疑獄事件でもよくあることである。逮捕を通して、事件の全容解明に進むというのが特捜部の役割である。

しかし籠池夫妻の逮捕理由は、森友学園の校舎建設に際してもらった木造利用を推奨する補助金を詐取した件と幼稚園経営での補助金の詐取ということである。「過大に受け取った補助金はすでに返している」「幼稚園の運営上の問題は、行政処分で済む問題である」と逮捕・拘禁を疑問視する声が元東京地検特捜部の郷原信郎弁護士からも出された。

確かに、森友問題での核心点は、ただ同然の格安払下げであり、その権限を持っていたのは、財務省や国交省の役人である。もし森友問題と正面から向かい合うならば、まず捜査すべきは財務省、国交省であろう。籠池夫婦への別件逮捕では、森友事件の真相解明は進まない。

むしろ裁く側に立つ特捜がなぜ、首相に逆らうものを別件逮捕し、弾圧するのか、という批判

資料4-2　書き換えられた昭恵首相夫人のかかわりを示す文書

書き換え前

H26. 4. 28　近畿財務局から森友学園に対し、資料提出を速やかに行うよう要請したところ、森友学園から、①当初計画していた本年7月の大阪府私立学校審議会への諮問を本年12月に変更したいので、その前提で対応してほしいとの要望とともに、②豊中市との開発協議を急ぐ必要があるため、大阪府が小学校新設に係る設置計画書を受理した段階で、近畿財務局から豊中市に「森友学園と本財産の契約を締結することを証する」旨の文書を提出してもらいたいとの要望あり。

なお、打合せの際、「本年4月25日、安倍昭恵総理夫人を現地に案内し、夫人からは『いい土地ですから、前に進めてください。』とのお言葉をいただいた。」との発言あり（森友学園籠池理事長と夫人が現地の前で並んで写っている写真を提示）。

H27. 1. 8　産経新聞社のインターネット記事（産経WEST産経オンライン【関西の議論】）に森友学園が小学校運営に乗り出している旨の記事が掲載。

記事の中で、安部首相夫人が森友学園に訪問した際に、学園の教育方針に感涙した旨が記載される。

の声が聞かれた。

そうした声なき声が届いたのか？東京地検特捜部が特捜部長の交代をきっかけに、九月半ば、市民団体が提出していた背任罪と公用文書毀《き》棄《き》罪での告発状を受理したのである。

蜜月時代から逮捕への急展開

籠池夫婦逮捕問題を考える時、もともと森友学園の理事長である籠池泰典氏が進めてきた教育方針に昭恵夫人が感動し、森友学園の小学校の名誉校長にまで就任していた（資料４―２）。しかし、国有地払い下げの疑惑が大々的に報じられ、また、籠池氏の教育理念への批判や学園運営上のトラブルが報じられ、連日マスメディアで採り上げられていた一七年三月十日、籠池泰典理事長は突然、森友学園の小学校認可申請の取り下げを発表した。

一件落着とされる流れのなかで、十六日に行われた参議院予算委員会理事らの現地視察で、事態は急転直下、消し炭に火が付いたように燃え盛る。議員団に対して籠池理事長は、報道陣にも聞こえるようにこう語ったのである。

「われわれがこの学園を作り上げようとしたのは皆さんのご意思があってこそ。そのご意思の中には、まことに恐縮ですが安倍内閣総理大臣の寄付も入っている」

安倍首相は国会で、議員辞職まで言及して事件への関与を否定していた。

この発言は、明らかに安倍首相とたもとを分かつ発言であった。

事実、森友学園が「安倍晋三記念小学校」として寄付金集めを行い、首相夫人の昭恵氏が名誉校長になり、小学校の運営実績もなく、資金も土地もない森友学園が、大阪府の認可を受け、国交省や財務省の関与の下に、隣接地の相場からすると一割の格安で払い下げを受けたことは前述した通り事実である。

さらに寄付をしていたとなれば、首相自ら率先して森友学園の強引な認可に関わり、政治家や官僚たちによる学校開設のための便宜供与を当然のものと認めていたことになる。

この発言を巡って、三月二十三日に籠池氏の証人喚問が決まり、最大の焦点とされた百万円寄付金問題については、籠池氏は次のように語った。

「二〇一五年九月五日、昭恵夫人は園長室で、お付きの方に席を外すよう言ったあと、『一人でさせて申し訳ありません。どうぞ安倍晋三からです』と封筒をくださった」

「昭恵夫人は、全く覚えていないとおっしゃってるようだが、私たちにとって名誉なことなので、鮮明に覚えております」

さらに封筒の中身について

「上の方から拝見した。金子が入っていた」

「封筒は、職員室の副園長に渡し、金庫に保管し、土曜日だったので二日後に郵便局で振り込んだ」

と詳細に証言した。

これに対して質問に立った自民党の西田昌司参議院議員は、「昭恵夫人に確認したが、秘書はいつも離れたことがなく、百万円も渡していないと言っている」と発言。

マスメディアのなかには、園長室という密室での授受を客観的に証明するものがないから実際は分からないと「評論」しているものもある。

しかし、証人喚問での証言は、基本的に証拠として位置づけられるが、伝聞では証拠能力は持たない。それゆえ、籠池氏の発言を否定するのならば、昭恵夫人自身が証言台に立つしかなく、そうでない限り、この寄付問題の在る無しの勝負は決している。

実際昭恵夫人は、一五年九月五日の名誉校長就任に当たって、

「こちらの教育方針は素晴らしいと主人も思っています。もし『安倍晋三記念小学校』と言う名を付けていただけるのであれば、総理大臣を辞めてからにしていただきたい」

「この幼稚園で終わってしまって、普通の公立の学校に行くと、せっかくここで芯ができたものが、また学校に入ったとたん揺らいでしまう」

と発言している。

また今回の森友学園設置に関して、籠池氏が昭恵夫人に電話依頼したという件については、夫人付きの官邸職員の谷査恵子氏からファックスでの返答があった。

そこには次のような文言とともに、詳しい報告もあった。

「財務省本庁に問い合わせ、国有財産審理局長の田村嘉啓氏からの回答を得ました。しかしながら国側の事情もあり、現状では、希望に沿うことができませんが、当方として引き続き見守ってまいります。〈略〉本件は、昭恵夫人にも既に報告させていただいております」

この依頼のやり取りを通して、昭恵氏側から問い合わせを受けた関係部署では、首相夫人が関与している案件であることが広まり、結果、籠池氏自身が「神風が吹いたかな」と「驚く」ような国有財産の値引きが行われたのである。

さらに、妻の諄子副園長と昭恵夫人の間で、一七年二月にも二二回、三月にも一七、八回のメールでのやり取りがあったという。

つまり、こうした経緯や第二章以降の事実関係から分かることは、

・首相、そして昭恵夫人は、森友学園の小学校開校を応援していた
・しかも、払い下げ等の過程で関与していた
・その認可や学校用地払い下げが、国有財産を損なう違法な払い下げとなり
・批判の声が高まる中で、小学校認可申請を籠池氏があきらめた

ということである。

これまで歩調をそろえてきた首相、首相夫人と籠池氏。籠池氏はなぜ首相に反旗を翻し、批判する側に立ち始めたのか？

筆者自身は、籠池氏が進めてきた教育勅語を唱和させるような小学校建設には異論があるが、これまで数年の努力の結果ようやく小学校の校舎も完成し、開校を目前に控えていた籠池氏に

とっては、学校建設をあきらめたことは、断腸の思いでの決断だったと思われる。しかし首相は、籠池氏のことを「しつこい人だ」と語り、これまでの〝友〟をトカゲの尻尾のように切り捨てる対応に出た。意見と志を同じくしたので応援してきたが、手続きの上で問題が見つかったので、応援できなくなったと、もし首相が語っていれば、籠池氏は反旗を翻したであろうか？

今年度から道徳の事業が復活したが、おそらく〝安倍道徳語録〟では、「たとえ長年の友であっても、自分の利害を損ねることがあれば、堂々と切り捨てなさい」ということになる心配がある。

籠池氏は、森友問題の真相究明への情報提供者

籠池氏は、もちろん森友問題の当事者である。しかし自分の夢が破れて以降、積極的に情報を提供し始めた。検察はなぜ逮捕する必要があったのだろうか？

森友問題の真相求明に対して、国は、資料を廃棄し、改ざんし、また虚偽の発言を行い、全く後ろ向きであった。それに対して財務省との交渉過程や打ち合わせメモ、メールでのやり取りを情報提供してきたのは、籠池氏（時には著述家・菅野完氏を通して）である。

一七年五月一六日に、民進党が開催したヒアリングで、籠池氏が明らかにしたメールは、森友学園の校舎建設事業の設計にかかわったキアラ建築研究機関の杉本昌裕氏と、近畿財務局との交

渉の窓口に立っていた森友学園側の代理人・酒井康生弁護士、校舎建設工事を担った藤原工業など内部でのやり取りと、近畿財務局や大阪航空局とのやり取りのメール（一六年四月〜）であり、驚くべき内容が書かれていた。

同年三月十一日の森友学園側からの、深部にごみが存在するという報告や、録音テープで話題になった財務省本省での籠池夫婦と田村喜啓室長との面談を受けて、深部のごみの量と撤去費用の算定に関連したメールである。ここではすでに三月でのやり取りを受けて、深部にごみがあるものとして、近畿財務局が算定式をつくるため問い合わせを行っていた。一六年四月一日に近畿財務局管財部の池田氏から下記のようなメールが出され、「提示を依頼する書類」が請求されている。

「㈶瑞穂の国記念小学院開校に向けご協力ありがとうございます。〈略〉五月末を目途に土地の評価額算定を実施し、〈略〉土地の売買契約を締結すべく作業を進めています」

「つきましては、現在地表に野積みされている廃棄物の撤去、今後の建築基礎の掘り方を行い発生する土砂の撤去費、地中に埋設されている廃棄物層〈略〉等を適正に反映させ、価格提示行いたいと考えているところです」

ここで「提供を依頼する書類」が添付され、ボーリングデータ、柱状図、掘削図などの提供が要求されていた。これに対して、キアラ設計（キ）と酒井弁護士（酒）の間でのやりとりが以下の通り新資料には記されている。

（キ）「要求資料を作成するうちに、気になることがあり……添付に計画地のボーリング調査資料を付けております。……これで行くと……約三メートル以深には廃棄物がないことを証明しています。……」（四／八）

（酒）「柱状図がないことは不自然でしょうか？　……実際にどうこうではなく机上の計算でも構わないというのが、近畿財務局の考え方なのではないかと思います」（四／九）

（キ）「やはりお仰《ママ》るように、言われてから提出する形をとるべきかと考えます」（四／九）

（酒）「柱状図の提出は、やめましょうか……あいまいな形では億単位の交渉はできません」（四／一〇）

（キ）「今回工事に係わるボーリング調査に関する資料は、抹消しました」（四／一〇）

※以上、同資料に記載の原文ママ。

以上のように、近畿財務局側が深部のごみの存在について、深部での地層の様子を示す柱状図の提出などを求めている。これに対して、その柱状図を提出すれば、深部にはごみが無いことが示されていて、深部にごみが在るとする主張と矛盾することになり、大幅な値引きが期待できな

資料4－3　市民団体告発状提出

くなるとして、キアラ側と酒井弁護士がメールをやりとりし、ボーリング調査の結果の柱状図を提出しないことにしたことが分かる。

繰り返すが、この情報を提供したのは、籠池氏である。

それが、いま逃亡のおそれがあるからと三〇〇日以上も獄につながれていた。ほとんど言いがかりにもならない理由でしかない。家族との接見すら禁止した長期拘留は、国連マンデラルールにも違反していた。

ここでは、共謀罪がなくとも、首相に逆らっただけで、獄につながれるというひどい弾圧がある。どこかの独裁国とどこが違うのであろうか。

特捜部は市民団体の告発状を受理した

さすが、あまりのひどさにこれまでの体制を支えてきた保守陣営の中からも「国家が崩壊する」という心配が出始めたことも影響したのか？

九月十五日、東京地検特捜部は、二つの市民団体から出されていた財務省（および国交省）の官僚たちへの刑事告発を受理し、本件での立件捜査を大阪地検特捜部に移送することを代理人に通知した（資料4―3）。

市民からの告発状は、五月十五日に「健全な法治国家のために声を上げる市民の会」（八木啓代代表）が提出した公用文書毀棄罪、つまり公文書を廃棄し、存在する情報を非開示としたことへの罪を問うものと、五月二十二日に「森友告発プロジェクト」（現森友・加計告発プロジェクト・藤田高景共同代表）が提出した、国有財産を根拠なく格安で払い下げた背任罪を問うものが出されていた。

藤田高景共同代表は、「あまりにも国民を馬鹿にした国の行為に対し、巨悪に挑む検察特捜部の捜査がようやく始まることに一歩前進と評価したい。国民の信頼をなくすことのないように応えてもらいたい」と語る。

東京地検特捜部は、九月十一日に森本宏特捜部長（前任は吉田安志氏）が就任四日後の十五日に、約四カ月放置されていたこの二つの告発が受理された。

森友学園問題が世間の大きな関心を呼んだのは、安倍首相夫人・昭恵氏が、森友学園の名誉校長に就くなど便宜供与に動いたこと。そして核心は官僚たちがそれに応えて国有財産をただ同然の格安で払い下げた点にある。

大阪地検特捜部は、地元・大阪を中心とした「森友学園問題を考える会」から三月に出された告発は受理していたものの、格安払い下げの権限を有していた近畿財務局・財務省理財局・大阪航空局（国交省）について捜査すらせず、森友問題の核心から外れた補助金詐取問題で籠池夫妻をいわば〝別件逮捕〟した。ビートたけしら芸能人も籠池逮捕で幕引きかと捜査に疑問を投げかけていた。

一説に、大阪地検特捜部自体は背任罪で立件の動きを見せていたが、それを止めていたのが、東京地検特捜部だという話が流れている。その真偽は別として、この受理によって、これまで受理を拒んできた東京地検特捜部が、部長の交代をきっかけにしてか、告発を受理し、大阪地検に移送したことによって、立件の責任は、同特捜部が一切を負うことになったといえる。

「森友告発プロジェクト」の告発状を書いた大口昭彦弁護士は、「受理されたことは大きい。もし検察が立件しなければ、市民自ら検察審査会に訴え、起訴・立件する道が手続き上保証されることになる。それは、検察に真剣に取り組ませる要因ともなる」と語る。

また、「市民の会」の八木啓代代表は、「要件を満たした告発状を不受理にすることはできなかったのでしょう」と受理が遅れに遅れたことに皮肉っぽく感想を述べながら、「国民の注視のなか、特捜検察が決定的に存在意義を失いかねない事態のもとで、どういう判断が示されるのか楽しみ」と言い、大阪地検特捜部の捜査の行方次第では、次の手を準備するとも語った（実際八木代表は、朝日新聞の改ざん問題でのスクープを受けて、新たに東京地検特捜部に告発状を提出している）。

起訴されれば、背任罪と公用文書毀棄罪の容疑の中心人物である佐川元国税庁長官の逮捕・罷免が避けられない事態となる。さらに、これまで隠されていた事実が公判を通して明らかになれば、安倍首相の辞職すらありうる〝次の次元〟に森友問題は移った。

【まとめ】

森友問題が全国的な注目を浴びたのは、国会での福島伸享議員（民進党・当時）の質問に、安倍首相が「私や妻が関与していれば、議員を辞職する」と答えたことが出発点にある。安倍首相が便宜を図った籠池氏は三月初め、森友学園の小学校建設の申請を取り下げた後は、安倍首相夫人から一〇〇万円の寄付を受け取ったと証人喚問で証言し、安倍首相夫妻の関与を決定づけた。

それを受けて安倍首相は、この一〇〇万円寄付問題を念頭に置きながら、「辞職すると発言したのは、(寄付自体はなんら違法な行為ではなく)不正に関与していれば、という意味であった」と自らの発言を訂正していた。

そうした首相の答弁を考えても、ごみが無いのに在るとした国有財産を損なう、違法で背任罪に当たるこの問題の行方は、注目される。

第五章

会計検査院の報告、「格安払い下げ」は適切ではなかった

会計検査院は、国の予算の使い道を検査する職員約一〇〇〇人の行政機関である。どの行政機関とも独立し、毎年一度検査報告書をだし、その量は積み上げると三〇センチ位の高さになり、会計検査院の玄関を入ったロビーのガラスケースに収められている（資料5―1）。

森友問題が国会で議論になり始めた一七年三月。参議院では与野党が賛成して会計検査院への森友問題での検査依頼を決議した。その検査結果が、約半年後に報告された。

地検特捜部は、巨悪を許さないとして、政治家がらみの犯罪に目を光らせ、会計検査院は、国の支出が、予算で決められたように法令に基づき支出されているかをチェックする役割を持つ。いずれも国の権力機構の中の権力の監視・チェック機構である。

そうした役割を持つ特捜と検査院がチェックに動いたのは、大きな出来事であったように思う。

会計検査院の報告の約一カ月前の十月二十六日、東京新聞は一面トップで、国による算定が最大で六億円過大であると会計検査院が疑義を持っていることを報道した。衆議院選での与党勝利のすぐ後だっただけに、この報道には賛辞を惜しまないが、筆者がこれまで取材、調査してきた通り、「最大六億円」どころか、八億円の値引き自体に全く根拠がない。しかし会計検査院が国の会計処理に異議を唱えた報告書を準備していることを報道したのは、スクープといえる。

筆者らの数カ月にわたる調査、複数の重要資料を市民団体の協力によって入手し、多角的に整理して得た結論は、国交省が算定した三メートル以深の埋設ごみは、実質ゼロであるということだ。その一端でも明るみに出ることは、たいへん結構なことであった。

にもかかわらず、翌九日にＮＨＫのインタビューに応えた河戸光彦・会計検査院長は、森友問題での検査報告についてはっきりと答えず、「隠されている資料があるため事実が見つけにくい」という主旨の発言をしていた。そのため、日刊ゲンダイなどからは、内閣を忖度した検査結果しか発表されないのではないかという悲観論も出された。

資料が入手できないことを理由に、問題を曖昧化する対応をとった。

もし、会計検査院が、河戸院長が語ったように資料入手ができないことを理由に、森友問題の隠された真実に到達できないとすれば、将来に禍根を残すことになる。そこで筆者らが把握している情報を会計検査院に直接提供することを考え、筆者は急きょ立憲民主党・川内博史衆議院議員にセッティングを依頼し、十一月十六日には事前予約し、森友事件の真相を求める六名の市民とともに十一月二十日に会計検査院を訪ね、渉外広報室の調査官に資料を提示して説明、情報提供を行った。

調査官によれば、検査にあたり、新聞やネットなどの主な情報には目を通しているということだったが、筆者らは改めて検査のポイントについて二時間ほどかけて説明した。

調査官はノートをとるなど丁寧に対応し、かつ森友問題での報告が、一般的な年度報告とは異なり別途報告されること、先述の河戸院長のＮＨＫでの発言は、年度報告が十一月八日に行われたのを受けて予定されていたインタビューに対するものであり、森友問題での報告ではなかったため、若干の誤解を呼んでいるとの釈明がなされた。会計検査院の発表は、十一月二十二日に行われた。

森友問題　８億円値下げ「根拠不十分」——会計検査院指摘

発表前日の十一月二十一日には、読売新聞が一面トップで「森友問題　八億円下げ『根拠不十

資料5-1　会計検査院のある建物の入口

分』国交省、国有地ごみ過大推計――会計検査院指摘」として、「大阪府豊中市の国有地が学校法人『森友学園』（大阪市）に約八億円値引きされて売却された問題で、会計検査院が、値引きの根拠となったごみの撤去費用について『積算に十分な根拠を確認できない』とする検査結果をまとめる見通しとなった。〈中略〉売却に関わった財務、国交省の責任が厳しく問われそうだ」と報じた。

　そして翌日、会計検査院が行った検査報告は、国会法第一〇五条に基づき、一七年三月六日に参議院議長から次の三点について要請があり、行われたものだった。

①大阪府豊中市の国有地の貸付及び売却の経緯
②貸付価格及び売却価格並びに価格算定手続きの適正性
③当該国有地の貸付及び売却に関する行政文書の管理状況

会計検査院は、撤去に八億円かかるとして二万トンの算定が「根拠不十分」という報告を行った。それはNHKでの河戸院長の発言とは異なり、過去にない衝撃的な内容を含んでいた。しかも会計検査院の報告は、安倍内閣が「適切」と答えてきたことを、「適切とは認められない」と正面から否定した報告だった。

この報告を受けて、翌二十三日、各紙は次のように報道した。

「森友国有地ずさん算定―検査院報告ごみ過大に推計―『適正』政府主張揺らぐ」(東京新聞)

「森友に『特例』指摘次々―値引き『根拠不十分』検査院報告」「国会は、忖度解明を」(毎日新聞)

「森友ごみ『最大七割減』国の値引き根拠揺らぐ―会計検査院報告―価格決定経緯　確認できず」「外部の目で監査必要」(朝日新聞)

会計検査院の報告を受けて、立憲民主党のヒアリングで福山哲郎幹事長は「国会で首相や財務省、国交省は、適切な処理を行ってきたと説明してきたが、今回の会計検査院の『十分な根拠は見つけられない』との報告によって、これまで野党の主張が正しかったことが分かった。この問題に特化した特別委員会を設け、国民が納得できる説明が必要だ」と語った。

「モリ・カケ」問題が底流として問題になりながら、総選挙期間中は実質の論議が避けられ、棚上げ状態だったものが、この会計検査院が「根拠不十分」「不適切」報告をすることによって、改めて森友問題の核心点への社会的注目が戻ってきたといえる。

会計検査院の報告は、2万tの算定式は細部に渡り根拠がない

産廃マニフェストで、三メートル以深の新たな埋設ごみは無いという事実が分かったにもかかわらず、その事実を認めなかった国。その一方、会計検査院の報告とそれに続く国会での審議を経て、次々と埋設ごみがゼロだったことが、国会でも明らかになっていった。また埋設ごみがゼロであるというだけでなく、在ると偽わり、それを隠すためにいかに特別な操作を行ってきたのかが次々と明らかになった。

会計検査院の報告を受けた特別国会で見えてきた森友問題の新たな事態ついて見ていきたい。

川内博史議員（立憲民主党）は会計検査院の河戸光彦院長に質問し、報告書にいう「適切とは認められない事態」という点は、「違法・不当である」という意味かと尋ね同意確認を行った。つまり格安払い下げを実際に行った財務省と国交省の官僚が、違法もしくは不当な払い下げを行っていたことを、国会の場で会計検査院から証言を取ったのである。

その上で、「国土交通省大阪航空局が行った値引きの見積もりの算定に使った前提となる数値が適切であったか」を尋ね、ごみが混入していたとされる土壌の「深さ」「混入率」のいずれも算定の根拠が示されておらず、さらに算定価格の根拠も示されていないと答弁がなされた。

さらに川内議員による執拗な質問が続き、深度は「三・八メートル」「九・九メートル」と記載され、混入率は、「四七・一％」と記載されているが、それらの根拠が確認できたかと尋ね、これらについても根拠がないと答弁した。つまり、埋設ごみが二万トンと計算するにあたって使った数字はいずれも根拠がないということが、国会の場でも確認されたのである。

森友学園は一五年の土地賃借時に、表土から約三メートルまでの浅い部分の埋設ごみの撤去をすませており、今回問題になっているのは、一六年の初頭から始まった校舎建設に伴い、さらに深部からごみが出たとする三メートル以深についてである。

この二回目のごみの埋設量二万トンを計算した国交省大阪航空局は、「面積」×「深さ（九・九メートルまたは三・八メートル）」×「ごみ割合」もしくは「混入率」×「比重」で算定したが、会計検査院の河戸院長は、そこで使った「深さ」「混入率」の数値データに根拠がなかったと答弁したのである。基本データに根拠がない以上、埋設ごみの計算はできず二万トンは根拠のない架空のデータだったことになる。

その上で一トン当たりの単価も、根拠がなかったというのである。河戸院長の答弁は、約八億二〇〇〇万円の値引きには根拠がなかったと念を入れたことになる。

国会での河戸院長の発言は、会計検査院の報告が、安倍首相、そして財務省と国交省の大臣が「適正」と言ってきた発言を、真っ向から否定した発言だった。

明るみに出た事実を隠す――（特例処理、嘘、隠蔽）

無いごみが、二万トンも在り、その撤去に八億円かかるという仮装を進めてきた国の役人。その無理筋のために驚くような措置が図られていたことが分かってきた。

①森友学園への土地売却をめぐり取られた特例措置は、過去に事例がない

川内議員は、国から森友学園への払い下げは、一五年五月には賃貸借契約で始まり、翌年の一六年六月には売買契約へと変更された点を踏まえ、国有財産の払い下げ売却が原則となっているなかで、今回のように「売却を前提とした上での定期借地契約」を行ったり、売買契約への切り替えに当たって、「分割の支払いや延納特約」などの特例措置が取られた点について質問した。

具体的には、会計検査院の報告で示されていたこれら特例は、財務省全体として記録が確かな一二年から一六年の間に何件あったのかを尋ねた。その結果、それぞれ約一〇〇〇件の内、特例は森友学園しかなかったことが分かった。それに加え、「瑕疵担保責任免責特約」によって、もし瑕疵＝埋設ごみ等の増減が今後分かっても、契約金額は変わらないとしたり、売買価格について非公表にした事例についても尋ね、ほぼ一〇〇〇件前後の事例のなかで、森友学園だけ一件の措置であったことが大田充理財局長からの答弁で明らかになった。

川内議員の質疑によって、森友学園へ手厚い特別な取り扱いが行われていたかが日本中に知れ渡り、しかも売却額を九割引きにしていた点について非公表にするなどして隠していたのである。財務省や国交省の多くの官僚たちが組織的に関与していたことをうかがわせる特例問題だった（資料5―2）。

・売却を前提に定期借地契約一一九四件の内一件

資料5-2　1000分の１（国会での質問パネル）

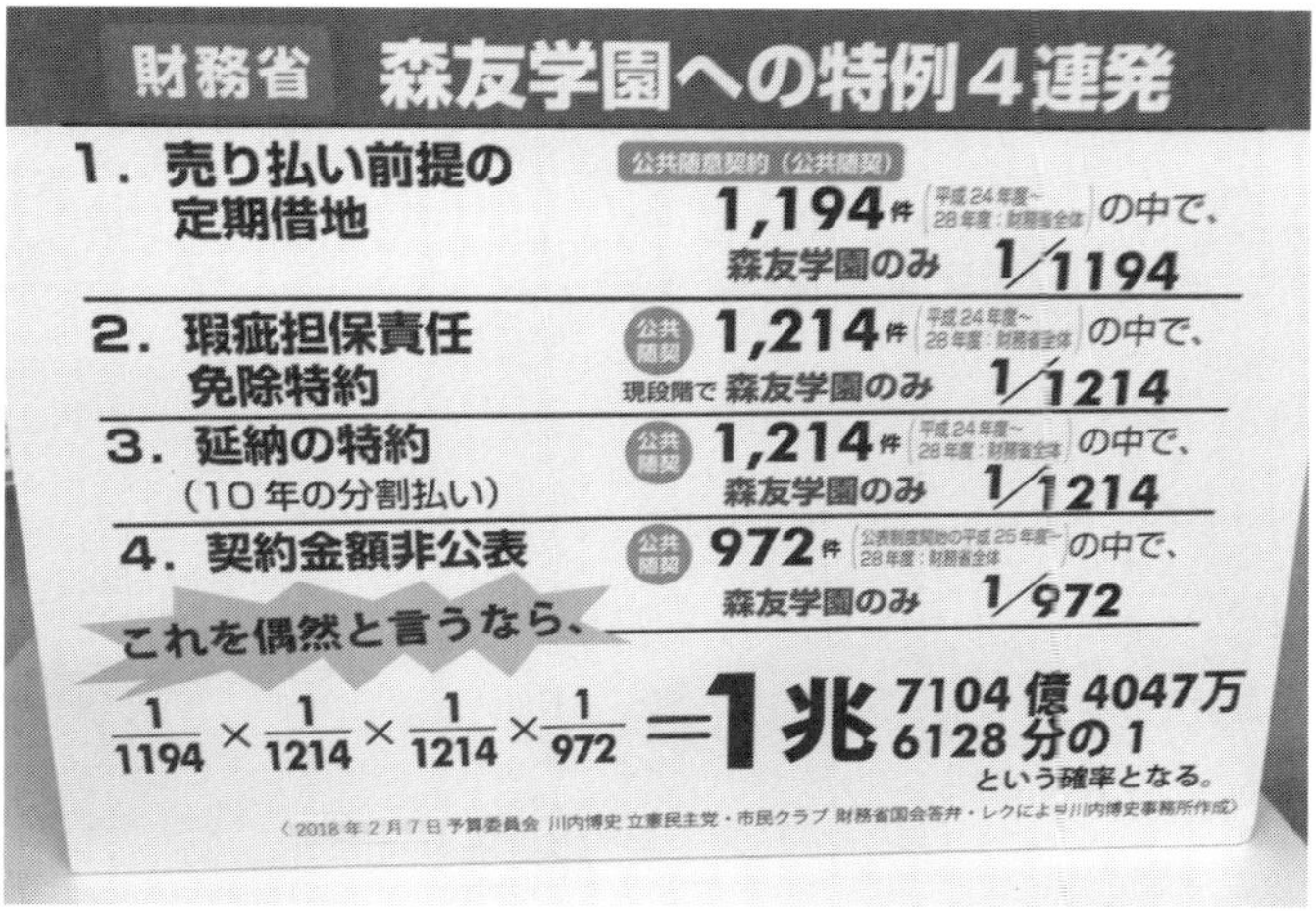

・土地代金の分割と延納特約一二一四件の内一件
・瑕疵担保責任免除特約一二一四件の内一件
・公共随意契約の内、売却価格を非公表九七二件の内一件
（対象期間：二〇一二〜一六年）

② 音声データを国が認め、佐川宣寿元理財局長らの偽証明らかに

宮本岳衆院議員（共産党）らは、九月に関西テレビが報じた音声データについて質問し、財務省大田充理理財局長は音声が一六年三月下旬〜四月に同省近畿財務局と森友学園が協議した際のものと認めた。この音声デー

タには、埋設ごみを理由とする値引きの金額交渉や新たな埋設ごみの存在に疑問を示す業者の声を無視し、ごみが存在する旨を口裏合わせる部分も含まれていた。本件の実務者レベルのトップであった当時の佐川宣寿理財局長（元国税庁長官）はこれまで、国会質疑で事前の売却価格提示や交渉を否定していたが、この音声テープによって、佐川氏の国会での虚偽の発言は決定的となった。

③財務省は、ごみの撤去費用の算定を12年に行っていた

森ゆう子参院議員（自由党）は、財務省が埋設ごみ撤去作業に要する費用見積もりを専門事業者に委託し、調査していた事実を掴み、その国有財産の「鑑定評価書」を提出させることに成功した（十二月七日、文部科学委員会&財務委員会連合委員会）。

https://www.youtube.com/watch?reload=9&v=e6eiCGM8CCs&feature=youtu.be

一二年に購入を希望した別の法人（隣接する大阪音楽大学）は七億円の購入額を提示していたが、鑑定価格の九億三〇〇〇万円に達しないとして払い下げを断られていた。財務省はその際にごみの撤去費を約八四三〇万円と見積り、除染費用（四三九〇万円）を含めて一億二八二〇万円と算定していることが分かった。埋設ごみの撤去費用だけで見ると今回の八億二〇〇〇万円の一〇

資料5-3　第１回のごみの撤去料と鑑定書の比較表

内訳	第1回目の金額	鑑定評価書
除染	4,865万円	4,930万円
埋設ごみの撤去	9,364万円	8,430万円
総計	1億3,229万円	1億2,280万円

分の一である。森ゆう子氏の開示要求に対して財務省が開示した。

この金額は、今回の森友学園への貸付―売却に当たって、第一回目の埋設ごみの撤去と重金属の除染作業に要した金額とほぼ同じであり、今回見つけた鑑定書では、その一回目の埋設ごみの撤去によって、同用地内の埋設ごみは、すべて撤去できていたことを示していたのである（資料5―3）。

これまで、国（財務省や国交省）は、ごみの撤去費用の鑑定を、専門の不動産鑑定士に依頼せず、今回明らかになったような杜撰な計算を行ってきた理由として、森友学園の一七年四月の開校に間に合わせるために、土地の所有者である国交省大阪航空局自身が行ったと説明してきたが、実は今回明らかになった「鑑定評価書」は一二年七月十二日に作成されていたことが分かった。

この特別国会で明らかになったのは、森友学園に行った便宜供与の数々であり、貸付したり、ただ同然に売却するために新たな埋設ごみが二万トンあると仮装し、数々の特例や国会での虚偽発言、そして資料の隠ぺい工作であった。

もちろん石橋を叩いても渡らず、前例主義を旨とする官僚が、不法行為を行っていたのを、森友学園・籠池氏に頼まれた、として説明することはできない。安倍首相は、昭恵夫人が籠池氏に騙されたと発言しているが、言い訳としても恥ずかしい。


【まとめ】

この会計検査院の報告を受けて、安倍首相の「言い訳」には、全く驚く。

これまで安倍首相は国会で「ごみがあるのだから値引きは当然」「払い下げは適切に行われている」と答えてきたが、次のような答弁を行っている。

「私が過去の答弁で言ったのは、(財務省の)理財局も近畿財務局も、国有地を適切な価格で売買していると信頼しているということだ。私が調べて『適切』と言ったわけではない」

ほとんど耳を疑う発言である。

商品の安全管理などで、不祥事を起こした企業のトップが、並べた机を前に、謝罪の記者会見をする光景はよく見る。その時に「わが社は常々安全管理に気を配り、適切な処理に心がけてきましたが、このような事件を起こして申し訳ありませんでした。代表として責任をとり社長を辞めます」と報告するのが一つのパターンである。

もしその時、代表なり社長が「適切な処理をするようにその工場長と社員を信頼してきましたが、それは私が調べて『適切』といったわけではない」と発言したらどうであろうか？　火に油を注ぐことは目に見えている。問題が発生したときに責任者として責任を引き受けず、信頼が裏切られたと部下のせいにする態度は、社会から受け入れられない。

国や行政機関の責任者は、各担当部署に執行権限を委ね、責任は自分がとるという体制をとっている。その上でなおかつ国会で「適正に行われている」との答弁は、少なくとも質問主意書への答弁という形で、行われていた。

森友問題が国会で問題となり始めた一七年三月、山本太郎参院議員（自由党）は、質問主意書（第一九三国会―質問第四九号）でこの問題を取り上げ、八六％も減額する格安払い下げについて、「財政法第九条においては、『国の財産は、法律に基づく場合を除くほか、適正な対価なくしてこれを譲渡してはならない』と定められており」「法律に違反しているのではないか」と質問している。これに対して、「内閣総理大臣　安倍晋三」名で「地下埋設物の撤去、及び処分に係わる費用を踏まえ算定された適正な対価により譲渡された」と答えていたのである。

首相は行政のトップであるにもかかわらず、一切の責任を官僚たちに押し付けているが、当然ながら責任は問われることになる。今回の払い下げに当たっては、報告したように四件もの特例が実施されたが、識者によれば、部門を超えた特例措置は、部門間で局長クラス以上による調整が行われなければ実施できないという。

第六章

朝日新聞のスクープ
契約決裁文書の
書き換えから改ざんへ

一七年三月二日付け、朝日新聞の一面トップを飾った「森友文書　書き換えの疑い」(資料6―1)、「朝日新聞と安倍政権　どちらかが死ぬ――ウソをついているのはどっちだ!?」と週刊現代が特集を打った書き換え問題は、三月十二日、国が一四文書三〇〇ページの改ざんを認めた。

この改ざん問題も森友問題が舞台である。会計検査院の報告でより明らかになった国有財産の違法な払い下げに続き、矢継ぎ早に次のことが起きた。

・国と森友学園との契約決裁文書の改ざん
・担当職員の自殺
・佐川宣寿(前理財局長)国税長官の辞任

さかのぼって、籠池夫婦の別件逮捕。逮捕監禁自体が目的のような長期拘留。いずれも重く、哀しい問題である。しかし目をそむけるわけにはいかない。

森友問題は、会計検査院の報告発表によって、核心点である新たな埋設ごみが無いという点にメスが入り、撤去に八億円掛かるとした二万トンのごみが在るとした国の仮説の間違いが明らかになり、その仮説を成り立たせてきた特例と嘘、隠蔽の足跡を国会の場でも明らかにできるところまで来ていた。

そして今回の朝日のスクープ、改ざん問題である。改ざんは、そのこと自体が大問題であり、改ざんの事実がはっきりした以上「死ぬのは」安倍政権である。それほど大問題であることは強調したい。

一方、森友問題を解くうえで、改ざん問題は、どのように影響を与えているのか、この章では見て行きたい。

改ざん前の決裁文書（以下、決裁原本）が明らかになった現状でももちろんすべてが明らかになるはずはない。

もともと払い下げ自体が国有財産をそこなう違法な措置であるため、元の決裁原本に正直にその点が記載されるはずはないからである。

公文書の毀棄や改ざんはもちろん犯罪行為であり、立憲国家を揺るがせる問題である。その点を考えながら、改ざん問題から見える改ざんの意図とそこでも隠されている森友の核心点について迫りたい。

資料6-1　朝日新聞（2017年3月2日）

(平成30年)3月2日(金)　朝日新聞　©朝日新聞社 2018年　47331号(日刊)

朝日新聞

2018年(平成30年)
3月2日
金曜日

朝日新聞東京本社　本日の編集長＝佐野哲夫
〒104-8011東京都中央区築地5-3-2 電話03-3545-0131 www.asahi.com

森友文書 書き換えの疑い

財務省、問題発覚後か
交渉経緯など複数箇所

学校法人・森友学園（大阪市）との国有地取引の際に財務省が作成した決裁文書について、契約当時の文書の内容と、昨年2月の問題発覚後に国会議員らに開示した文書の内容に違いがあることがわかった。学園側との交渉についての記載や、「特例」などの文言が複数箇所でなくなったり、変わったりしている。複数の関係者によると、問題発覚後に書き換えられた疑いがあるという。

内容が変わっているのは、2015～16年に学園と土地取引した際、同省近畿財務局の管財部門が局内の決裁を受けるために作った文書。1枚目に決裁の完了日や局幹部の決裁印が押され、2枚目以降に交渉経緯や取引の内容などが記されている。

朝日新聞は文書を確認。契約当時の文書と、国会議員らに開示した文書は起案日、決裁完了日、番号が同じで、ともに決裁印が押されている。契約当時の文書には学園とどのようなやり取りをしてきたのかを時系列で書いた部分や、学園の要請にどう対応したかを記述した部分があるが、開示文書ではそれらが項目ごとなくなったり、一部消えたりしている。

また、契約当時の文書では、学園との取引について「特例的な内容となる」「本件の特殊性」と表現。財務省は国会で学園との事前の価格交渉を否定し続けているが、「学園の提案に応じて鑑定評価を行い」「価格提示を行う」との記載もあった。開示された文書では、これらの文言もなくなっている。

昨年2月、大幅に値引きされて土地が学園に売却された問題を朝日新聞が報道。国会で野党が「学園に便宜が図られたのではないか」などと追及し、財務省は否定する答弁を繰り返していた。関係者によると、文書の内容が変わったのは、昨年2月下旬以降とみられる。これらの文書の一部は国会議員からの求めに応じて開示された。

土地取引の決裁文書は保存期限が最長30年。会計検査院の検査に提出を求められることもある。決裁後の変更は、意思決定の経緯を検証できるようにすることを求める公文書管理法の趣旨に反するおそれもある。

一連の問題をめぐっては、大阪地検特捜部が背任容疑の告発を受理して昨年9月以降、関係者への任意の事情聴取を本格化。文書管理をめぐる公用文書等毀

国会議員らに開示された、森友学園との国有地取引の際に財務省が作成した決裁文書（個人情報にモザイクをかけています）

「書き換え」疑惑朝日のスクープ

三月二日、朝日新聞が国と森友学園との契約の決裁文書が書き換えられた疑惑があると報じた。国会で取り上げられ、調査の結果を返答するとの財務省の約束がゼロ回答で終わる中で、三月八日、担当職員の「自殺」があり、九日には佐川氏の国税庁長官の辞任と続き、三月十二日、森友学園への国有地貸付・売却契約に関する財務省内の決裁文書が、一四文書・約三〇〇ページにわたって書き換えられていたと国が発表し、「書き換え」どころか「改ざん」の事実が明らかになった（資料6―2）。

決裁文書の改ざんにかかわったとされ、死亡した近畿財務局の担当者は、書き換えは「財務

資料6-2　朝日新聞によるスクープとその後の主な動き

3/2（金）	朝日新聞、書き換え疑惑をスクープ
	財務省は6日に返答すると答弁
3/5（月）	国交省、書き換え前の決裁原本を持っていると財務省に報告
3/6（火）	財務省、ゼロ回答
3/7（水）	自公幹事長も文書提出請求（近畿財務局の職員が死亡）
3/8（木）	財務省、再度ゼロ回答
3/10（金）	佐川氏、国税庁長官を辞任
3/11（土）	財務省、書き換えを認める
3/12（月）	財務省、14文書約300カ所書き換えを報告

資料6-3　削除されていた主な記述

・森友学園前理事長の籠池泰典氏は、日本会議大阪代表。日本会議国会議員懇談会のメンバーに安倍晋三首相や麻生太郎財務相の名前がある
・安倍首相夫人の昭恵氏は、森友学園に「いい土地ですから進めてください」と発言
・価格等について事前協議した結果、学園側が買い受けることで合意
・本件の特殊性を踏まえ、近畿財務局（財務省）と大阪航空局（国交省）で協議。貸付処理は特例的な内容

省本省の指示」によるとのメモを残していたと報じられている。さらに本省の国有財産係長も死亡していたことが判明した。

改ざんでもっとも注目されたのは、昭恵氏に関連した記述である。「普通財産の貸し付けに係わる特例処理について」（一五年四月三〇日）の決裁原本に記述されていた「（籠池氏は）夫人から『いい土地ですから前に進めてください』というお言葉をいただいた」「産経新聞のオンライン記事に、安倍首相夫人が、森友学園を訪問した際に学園の教育方針に感涙した」等が削除されていたことが分かった（資料6—3）。

元財務官僚の山口真由弁護士は出演したテレビ番組内で、決裁文書という公的文書に、財務省自身が直接聞き取っていない産経新聞の記事などを記載していたこと自体おかしいと指摘。また、「サンデー毎日」（毎日新聞出版）の紙面では、「これだけ詳細に記しているのは、なぜ『特例的な』契約をする必要があったのかを残したのでしょう」と解説している。

国有地の売却は一括支払いが原則であるなかで、貸付契約にしたということ自体が異例であり、前例のない契約の決裁を担当部署から取るためには、本件の特殊性や特例措置であることを強調し、明恵氏の情報を記載する必要があったとみられる。

決裁原本の昭恵夫人に関する記載は、驚くべき内容である。昭恵氏の「いい土地ですから前に進めてください」「学園の教育方針に感涙した」との発言が記載され、あたかも絶対権力者の発言のように取り扱われ、官僚たちが国有財産の貸し付けから売却へと進めていったことが見て取ることができる。

この改ざんについて、安倍首相のみならず、財務省の麻生財務大臣も「ゆゆしき問題で誠に遺憾。深くおわび申し上げる」と陳謝した。しかし、麻生氏は「財務省の一部（理財局）がやったこと」「最終責任は（書き換えを指示したとされる当時の財務省理財局長で元国税庁長官の）佐川（宣寿氏）」と責任転嫁している。

財務省の調査によると、改ざんは財務省理財局の主導で行われ、決裁文書を国会に提出した当時の理財局長だった佐川氏の国会答弁に合わせるために行われたとされる。改ざんがあったのは一四年から一六年に近畿財務局が作成した、国有地貸付契約や売却契約など計一四件の決裁文書。一七年二月末に理財局の一部職員によって改ざんが行われた。森友学園への国有地売却で大幅な値引きが問題となり、佐川氏らが国会答弁に立っていた時期だった。麻生氏は「佐川の国会答弁に合わせて書き換えたのが事実だ」と言明。しかし、佐川氏が踏み込んだ答弁を行ったのは同年三月であり、不自然である。

財務省は、佐川氏の国会答弁との整合性を取るために改ざんを行ったと説明しているが、問題は、なぜ佐川氏が国会でこのような発言を行ったのかである。やはり、一七年二月十七日に安倍首相が言った「私か妻が関与していれば首相も議員も辞職する」という発言に抵触する部分を、首相官邸サイドからの働きかけで削除させたのではないかという疑念も強まり、その面での調査が行われている。

大手メディア、各紙・各TVでも、書き換え、改ざん批判

新聞各紙は、改ざんについて、これを許せば国家の屋台骨が壊れてしまう犯罪行為であるという姿勢では、ほぼ足並みをそろえている。

「安倍首相の妻昭恵氏らの名前を消し、国有地売買を特例で処理していることを削除した今回の行為は『売買の判断に係わる重要な事実をなかったことにしたのと同じであり、だます意図に基づく行為で悪質、国民への背任行為』（三月十三日付朝日新聞／作家・元外務省主任分析員の佐藤優氏）

「公文書は、決裁したら完成。それに基づいて仕事をする。改ざんが認められるなら、官僚組織はがたがただ。今回の改ざんはモラルの問題ではなく、犯罪」（同／元総務大臣・早稲田大学教授の片山善博氏）

「政府の活動の根本部分に改ざんがあったというのは、民主主義の下での行政運営を揺るがす非常に重大な案件〈略〉国会に虚偽を含んだ行政文書が提示され、質疑もそれに基づいて為されたというのは、ゆゆしき問題だ」（三月十三日付読売新聞／京都大学教授・待鳥聡史氏）

「決裁文書には、組織内での調整の上、最終的に意思決定をしたことを記す〈略〉書き換えれば刑法上の罪に問われる可能性もある。行政官が『忖度』で対応する水準を超えている〈略〉財務省は組織で議論し、意思決定して行く役所だ〈略〉書き換えを行ったのだからなにか相当な圧力があったとしか思えない」（同／法政大学教授・小黒一正氏）

これらの論説からも、安倍首相と麻生大臣の対応には、大きな問題がある。麻生氏は一切を責任転嫁した佐川氏をこれまでは「適材適所」として評価し、今回の国有財産の払い下げを「適切」に行われてきたと国会答弁し、安倍首相も山本太郎参議院議員の質問主意書に「適切」と答えてきていた。今回の改ざん発覚に当たり、言葉としての「遺憾」表明だけでよいのだろうか。

改ざんへ謝罪と反省、批判、二度と起こさない対策など、まず改ざんの事実経緯とともに、国の見解が求められる。

改ざん前の決裁原本でも、隠されていた森友問題の核心点

改ざん前の決裁原本では資料6―3で記載されているように日本会議系の政治家の動きや昭恵夫人の動き、佐川氏の国会答弁と整合しない点などが、改ざん削除されていた。しかし、読み込んでいくと森友問題の核心点である九億円を一億円でなぜ払い下げることになったのかの記載はなかった。

もともと国が国有財産を払い下げるにあたっての決裁文書である。しかも今回の場合、売却が原則であるのに貸付契約が最初に行われた。その上売却に当たっては、埋設ごみを理由にただ同然に割り引かれた。その理由が決裁文書に書かれていることが当然必要であった。

ところが改ざん前の決裁原本にも書かれていなかったのである。改ざん問題は多くの識者が指摘しているように、立憲国家を揺るがす大問題である。その一方で本件森友問題では、格安払い下げを特例的に取り扱ってきた事実や理由についても、決済原本への記載がなかったのである。しかし改ざん個所を追いかけると、直接の記載はないものの、輪郭が浮かび上がってきた。

改ざん問題に関する財務省の「決裁文書についての調査結果」（一八年三月十二日）で注目す

べき改ざん点は、「本件の特殊性」「特例処理」「政治家の関与」「昭恵夫人の関与」「事前の価格交渉」の記載のほか、「一二．国有財産鑑定評価委託業務について」（Ｐ65）の文書全部が削除されていることが分かった。

この部分は、森友学園と国との売買契約書「国有財産売買契約書」（一六年六月二〇日）を結ぶことになった経緯などが書かれている。森友問題の核心中の核心部分である。

契約条文を見ると、一年前に貸付契約した土地(第一条)を一億三四〇〇万円で売却すること(第二条)、即納金を二七八七万円とし（第三条)、即納金の支払い後に土地の所有権が移り（第八条)、しかも一〇年分割の延納金は毎年一千数十万円と定めている（第五条）ことが分かる。

整理すると、九億五六〇〇万円と鑑定されていた価格が、九割引きの一億三四〇〇万円になっていることが契約上は、謳われている。しかしその理由に関する記述は、記載されていない(※1)。

しかも契約書だけでなく、決裁文書にも、なぜ森友学園への払い下げにおいて、約九億の鑑定価格の九割引きもの割引が行われ、約一億円で払い下げられたのか理由が書かれていなかった。

一方、国会での論議での、野党の努力によって次のことが明らかになっていた。

・一度三メートルの深さまでのごみの撤去作業を行った後、三メートルより深い地下から新たにごみが見つかり、そのごみ量を推計したところ約二万トンになった。その撤去費用を計

算して八億二〇〇〇万円として値引いたため、約一億三〇〇〇万円という価格になった
・その算出に当たって時間がなかったため、不動産鑑定士を使わず、国交省大阪航空局が算定していた

ところが、この国会での審議を通して明らかにされた点が、契約書にも決裁文書にも一行も書かれていなかったのである。約九億円の鑑定価格の国有財産が売却処分されるというのに、その値段がなぜ約一億円になるのか、その説明が決裁文書には一言もないのである。特に、下記の二点について記載がないことは、大きな問題であった。
・ごみの埋設量から撤去料を算定したのは、大阪航空局であり、不動産鑑定士ではない
・そのごみの算定量や撤去予測費用についての数値の根拠

今回明らかになった改ざん前の決裁原本の記述を見ると、一応の筋書きが分かる内容になっていた（※2）。
・二〇一六年に入っての校舎建設工事中に新たな家庭ごみが見つかり、そのごみを撤去しないと校舎の建設ができない

・小学校開校に間に合わせるためには、そのような現状を踏まえた価格で売買するほかはない
・ごみを理由にして九割引きの払い下げを行った

しかし、その決裁原本ではそこから先の肝心な点が下記のように明らかになっていなかった。
・新たに見つかったとする埋設ごみが、なぜそのような深部から出てくるのか——これまでの調査結果「三メートル以深には埋設ごみは無い」との整合性について、科学的な検証は示されていない（※3）、
・その量がなぜ二万トン、撤去料八億円になるのかの計算上の根拠がない
・大阪航空局が独自に鑑定したことの記載すらない

つまり、こうした改ざん前の決裁原本を読み込んでいくと、従来にない契約であることを、理論整然と説明し、根拠づける記述はなく、その代わりに、政治案件であり、政治家がらみの案件であることが、強調される決裁原本となっていたことが分かった。良く言えば、これを前例にできない案件であるというメセージが、こと細かく記載していた理由であった。

だからこそ、一七年二月から三月にかけて国会で取り上げられ、特に首相の関与発言をきっかけに、慌ててその政治がらみと推計される部分を、削除・改ざんしたということであろう。

【まとめ】

先にみたように国と森友学園の契約は、これまで一〇〇〇件に一件しかない貸付契約にしたり、九割引きもの格安払い下げかつ延払い(一〇年分割払い)にしたり、瑕疵担保免責条件を付けたりしていた。これら一〇〇〇件に一件の事例ということは、過去には事例がない特別な扱いをした契約であったということである。当然、政治家がらみでなければ進められない案件ということである。

この過去に事例のない契約にあたって、財務省はその理由を改ざん前の決裁原本にさえ書いていなかったことが分かった。政治家がらみであることをこと細かくにおわせる決裁文書にして、契約を行っていった。売買契約の決裁文書には、一〇カ所の担当部署の押印が押されていた。森友問題で核心点である違法な格安払い下げの事実はこのように隠されたまま、処理しようとしていたことが分かった。役人たちは自分たちの違法性を隠し政治家による圧力を臭わせる案件として処理決裁していたのである。

ところが、一七年二月十七日の国会での安倍首相の「昭恵や私が関与していれば、議員も辞める」という発言である。

昭恵氏や政治家を前面に配置し、決裁文書を書き上げていた点からすると、大急ぎで書き換える必要があった。しかし公文書の書き換えや改ざんは、犯罪行為である。

誰が指示を出し、誰が実行に移したのか。このような経緯を見ると国の官僚が政治家の圧力によって国有財産を損なう契約を結ぶ背任行為に走り、その一方で、それを隠すために政治家の存在を前面に押し出した決裁文書を作り、首相発言によってまたそれを書き換えるという右往左往した経緯が浮かんでくる。

この点は今も国会での真相追及が続いている。

※1　同売買契約第四二条「瑕疵担保責任免除特約等」（以下瑕疵免責特約）で、この売買契約が締結された後は、埋設ごみの有無を理由として、国も森友学園も損害賠償を請求しないことを定めている。

そして、この瑕疵免責特約を結ぶために大幅減額し、後顧の憂いをなくした国は説明している。

しかし事実は、全く逆転している。

瑕疵免責特約は、売り主側（今回の場合国）からすると、良く調べていない土地の売買において、後でごみが見つかったとして、損賠請求を防ぐためにする契約である。しかし今回の場合、第二章で見たように、地下深部の調査データで、深部にはごみは存在しないということが分かっている。したがって買主からあとで、損賠請求される恐れはないし、もしされても、もともとごみは無いのだからそのような請求は通らない。念を入れるのであれば、それら調査データ、報告書を契約に当たっての売り主、買主側両方の確認事項にするだけでよい。

そうすれば、何も割り引き・減額する必要はなかったのである。

そして、実際に契約書には、記載していたのであるから、損賠を理由とする割引は、背任そのものであったことが分かる。

※2　「一二・国有財産鑑定評価委託業務について」の「経緯等について」では、次のようなに書かれている。

・一六年三月十一日、森友学園より、校舎建設の基礎工事中に廃棄物が埋設され、校舎建設ができないと連絡。国は現地を確認した

・学園側より国において工期に間に合うよう速やかに撤去をという要請

・学園側弁護士より、「現状を踏まえた評価による価格提示があれば、買い受けて問題解決に

当たりたい」
・国は、撤去のための有効な手段が見つからなかったため、弁護士から提案のあった売り払いによる処理を進めることにし、鑑定評価を行った
・学園から売り払い後は、埋設物の存在を理由とする費用請求は行わない
・地下埋設物については、学園に提供した「地下構造物状況調査業務委託報告書（平成二十一年八月）」を基に学園が実施した埋設物撤去工事により、一定深度（一～三メートル）までのコンクリートガラ等は撤去されたが、本地北側部分を中心とした当該撤去工事を行った深度よりも深い個所に、校舎建築に支障となる家庭ごみ等の廃棄物が存在することが判明した

※3　森友学園に払い下げられた用地は、もともと住宅地であり、国交省大阪航空局が騒音対策で住民の移転を求めて買い上げた土地である。数十年前は田んぼであった場所であり、盛り土を持った盛り土層（深さ三メートルまでの深さ）には、住宅地にするための基礎工事用のがれきや住宅地に必要不可欠な下水管やその他の配管なども埋設され、それらは国の「地下構造物状況調査業務委託報告書」でも、明らかになっていた。森友学園は、それらの埋設ごみは賃貸借していた一五年七月から十一月にかけて土壌改良工事として撤去している。産廃マニフェスト報告によると撤去したごみ（コンクリート片、アスファルト片、木くず）などが約一〇〇〇トン排出されていた。ところ

が、この改ざん前の決裁原本には、そのさらに深部から新たなごみが出たとの記述が書かれている。しかしこれは事実とは違う。そこでこれらの部分を改ざん削除したと考えられる。

もともと三メートル以深には埋設ごみが無かったという事実認識に立っていなければ、この改ざん部分の意味を解釈することはできないと考えられる。

第七章　佐川証人喚問と偽証

朝日新聞の改ざんスクープと担当職員の死。国は、書き換え、改ざんは、一切を当時の佐川宣寿理財局長（資料7―1）がやったことにして、新たな幕引きを図ろうとし始めた。しかし証人喚問での佐川証言での偽証や新たな国交省の改ざんの動かぬ証拠が見つかり、改ざんは財務省、そして当時理財局長だった佐川氏一人に負わせようとする国による試みは、破たんすることになった。

そもそも、明らかになった改ざん箇所や貸付契約書、延払い（一〇年分割）売買契約書の内容を見ても、財務省の当時理財局長であった佐川氏一人の責任としてすませるには、ほど遠い内容が、書かれていた。

森友問題の契約に係わる具体的な経緯を振り返ると次のようになる。

・二〇一三年、用地取得に森友学園が手を挙げる。当初学校法人としての資格を持たない森友学園が、資格取得（可能）となる一五年一月まで待機

・一五年、資金がない森友学園への貸付契約（一括売却ではなく特例処置）

・一六年、資金がない森友学園に埋設ごみを理由とした九割引きで、かつ延払い（分割）の売買契約

その売買契約の決裁文書は、一六年六月一四日に決裁が下りていた。その時の理財局

長は、佐川氏の前任の迫田英典氏である。安倍首相と同郷であり、一五年の九月には、安倍首相と打ち合わせを行い、森友問題の財務省側の猿回し役とされている。

その迫田氏も、貸付契約締結時は理財局長ではなく、前任者となっている。迫田氏は、貸し付け、売買とも、契約時には、理財局長を外れている。

売買契約時（一六年六月二〇日）の理財局長は、佐川氏であり、今回の改ざんは佐川氏の下に行われたが、格安払い下げの決裁は、佐川氏の理財局長就任前に描かれている。しかも、これだけ大きな政治問題になっている案件を、財務省の一部局の局長が一人の判断で実施したというのは不自然である。

そうした中で、佐川氏の証人喚問は、三月二十七日に午前中衆議院、午後から参議院で行われた。

予想通りに証言拒否を繰り返したが、そうした中で、わずかに証言した中で偽証罪の疑いが出た。その上、その調査過程で国交省による改ざんの事実が明らかになった。

トカゲのしっぽ切りは、なかなかうまくいかない。

佐川証人喚問は、国会での虚偽答弁が発端

森友文書書き換え問題をめぐり三月二十七日に行われた、佐川宣寿前財務省理財局長の証人喚問。「刑事訴追を受けるおそれがございますので、その点につきましては答弁を差し控えさせていただきたい」と、刑事訴追の可能性を理由に、佐川氏は五五回も証言拒否を行った。

本来改ざんの首謀者として、証人喚問に問われたが、改ざんはなぜ行われたか、誰が行ったかなどについては一言も語らず、改ざんは「理財局内」で行われたものであり、「国会に大きな混乱を招いた当時の局長として責任は私にある」と答え、財務省全体として行ったものではない、そして首相官邸からの働きかけはないと断言した。江田憲司衆議院議員の「自分がやったのでなければ、官邸からの働きかけや関与についてなぜ否定できるのか」という発言は印象的であった。

丸川珠代参議院議員は、「(首相や昭恵夫人の)関与はありませんでしたね」と誘導質問し、佐川氏の発言に念を入れ、証人喚問の場を、よいしょ質疑の場にしてしまった。証人喚問の場は、本来真実を探る場であり、安倍首相への忖度の場とする唾棄すべき対応であった。

佐川氏が証人喚問に呼び出されたのは、昨年の国会で、財務省と森友学園側との「交渉記録等の廃棄を確認した」や「学園側と価格についての交渉はしていない」そして「契約価格は適正だっ

資料7-1
国会で答弁する佐川前理財局長
（朝日新聞社）

た」と国会で答弁し、首相や昭恵夫人への盾となって対応したからである。そのいずれもが、改ざん前の決裁文書（決裁原本）が明らかになり、虚偽の事実が分かったり、疑いが濃厚になった。

廃棄したはずの交渉経緯については、決裁原本に複数ページにわたって記載され、決裁文書は三〇年保全が決まりであるため廃棄した、との国会答弁は明らかに虚偽であった。ところが、これについては、「確認したのは、取り扱い規約である」と人を食った発言を行い、その一方で、「丁寧さに欠いた」と謝罪し、肝心な点ははぐらかせてしまった。

価格の事前交渉については、「路線価や公示価格はオープンになっており、現場ではそのような話はするが、不動産鑑定にかけた価格を示したことはない」と証言した。

しかし、これは改ざん前の決裁原本の一四文書の「一二．国有財産鑑定評価委託業務について」に書かれている記述からいうと、明らかに虚偽の発言であった。

この文書では「学園代理人弁護士から、現状を踏まえた評価による価格提示があるならば、本地を買い受けて問題解決を図りたいとの提案がなされた」と経緯が示され、続いて「弁護士から提案のあった売り払いによる処理を進めることが、問題解決の現実的な選択肢と考えられるため、今回売り払いに係る鑑定評価を行うものである」との記載があった。ここでは、森友学園側に、予定価格を教えるどころか、その価格自体を学園弁護士に提案してもらっていたことが経過事実として記載されていた。

「すべて不動産鑑定にかけた」という偽証

森友問題の最大の核心点は、更地価格九億五六〇〇万円の国有地が、なぜ一億三四〇〇万円で払い下げられたのかにある。証人喚問の翌日の読売新聞社説でも、「改ざんの核心に迫れなかった」との見出しで、「佐川氏の証人喚問が、改ざんの指示の有無や背景など核心部分の究明につながらなかった。事実の解明と再発防止に向け、与野党には、建設的な対応が求められる」とし、「学

資料7-2　財務省が説明した契約金額の計算根拠

契約金額（1 億 3400 万円）
＝鑑定価格による更地価格（9 億 5600 万円）
　―大阪航空局が算定したごみ撤去費用（約 8 意円）

園に約八億円を値引きして、国有地を売却した経緯こそ、解明すべき論点である」としている（資料7―2）。

この点に関連して、佐川氏は、証人喚問で「すべて不動産鑑定にかけた価格で契約している」と証言した。契約に当たって更地価格だけでなく、割引・減額する価格もすべて不動産鑑定にかけたという。その点を根拠にして、「価格は今でも適正だった」と話した。この証言は、確かに佐川氏の主張の骨格となる。不動産鑑定士の場合、鑑定に当たっては、自然的条件だけでなく、商業的な賑わいや、閑静な住宅地であるかなどに加え、埋設ごみなどの撤去費用などについても、専門的な鑑定評価を行う。

隠しようのない客観的な事実を根拠と、公開されることによって、その真偽が試されるため、鑑定士の評価は権威を持つ。したがって佐川氏が言うように、不動産鑑定士にかけていたならば、価格を不当に格安にしたという批判も当たらず、政治家のためにことをねじ曲げる必要もなかったと考えられる。

しかし、国が森友学園と契約した金額は、不動産鑑定士が鑑定した価格九億五六〇〇万円ではなかった。売買契約の締結にあたって不動産鑑定士に依頼していたことは事実であったが、鑑定したのは、埋設ごみの撤去や汚染土壌の除染の必要のない更地価格の鑑定であった。

会計監査院が検査結果を報告した昨年十一月二十二日の夜の野党へのレクチャーで財務省が提出した資料では、「資料7―2」のように説明されている。

契約金額（一億三四〇〇万円）は、更地価格（九億五六〇〇万円）から、新たに見つかったとされる埋設ごみの撤去費用（八億円）を差し引いて算出している。その上、更地価格には、わざわざ「鑑定価格による更地価格」と記載し、不動産鑑定士が鑑定したことを示していた。

その一方で、埋設ごみの撤去費用については、「大阪航空局が算定した撤去費用（約八億円）」と書かれていた。

これまでの国会答弁でも、近畿財務局は、時間がなかったため、大阪航空局に算定依頼したと言っていたが、その通りの計算式を財務省は示して説明していたのである。

もし佐川氏の証言が正しいとすれば、契約金額である一億三四〇〇万円を、売却予定用地の価格として鑑定価格としていなければならなかった。

しかし、この更地価格を鑑定した山本不動産鑑定事務所は、「不動産鑑定評価書」（一六年五月

資料7-3　山本不動産鑑定評価書より

一　鑑定評価額及び価格の種類

価格の種類	総　　額	単　価
正常価格	金956,000,000円	109,000円/㎡

※上記鑑定評価額は後記三　鑑定評価の条件を前提とするものである。

二　対象不動産の表示

区分	所在・地番	地目		地積	
		現況	登記記録	実測	登記記録
土地	豊中市野田町 1501番	宅地	宅地	8,770.43 ㎡	8,770.43 ㎡

（所　有　者）国
（権利の種類）所有権

三　鑑定評価の条件

1. 対象確定条件
物的事項としては、下記 2.地域要因又は個別的要因についての想定上の条件に係る事項を除いて、対象不動産の価格時点における状態を所与として評価するものである。

また、権利の態様の事項として貸付人国と借受人学校法人森友学園との間で締結されている借地契約は本件評価において価格形成要因から除外する。

なお、当該条件については下記事項を総合的に考慮して鑑定評価書の利用者の利益を害するものではなく、実現性や合法性の観点からも条件付加の妥当性を確認した。

①平成 27 年 5 月 29 日付「国有財産有償貸付合意書」第 4 条（買受けの特約）において、貸付期間満了前に借受人は当該契約を終了し、買い受けることができるものと規定されていること。

②上記①の買受けの詳細については平成 27 年 5 月 29 日付「国有財産売買予約契約書」第 4 条により更地価格とされていること。

従って、対象不動産は、建物等の定着物がなく、かつ、使用収益を制約する権利の付着していない宅地、すなわち「更地」として評価する。

2. 地域要因又は個別的要因についての想定上の条件
地下埋設物として廃材、ビニール片等の生活ゴミが確認されているが、本件評価において価格形成要因から除外する。

当該条件については下記事項を総合的に考慮して鑑定評価書の利用者の利益を害するものではなく、実現性や合法性の観点からも条件付加の妥当性を確認した。

(1)地下埋設物撤去及び処理費用は別途依頼者において算出されていることから、現実の価格形成要因との相違が対象不動産の価格に与える影響の程度について鑑定評価書の利用者が依頼目的や鑑定評価書の利用目的に対応して自ら判断できること。
なお、「自ら判断することができる」とは価格に与える影響の程度等についての概略の認識ができる場合をいい、条件設定に伴い相違する具体的な金額の把握までを求めるものではない。

(2)依頼の背景を考慮すると、公益性の観点から保守的に地下埋設物を全て撤去することに合理性が認められるものの、最有効使用である住宅分譲に係る事業採算性の観三一日）を近畿財務局に提出し（資料7―3）、その評価書によれば鑑定にあたっての条件では、「地下埋設物として、廃材、ビニール片等の生活ごみが確認されているが、本件評価における価格形成要因から除外する」としている。つまり地下埋設物がどのように混在しているか、またその撤去費についてはどのように算出するかは、鑑定に際して「除外する」、つまり鑑定対象としないと謳っていた。この件については会計検査院の報告書（※1）にも指摘されている。

佐川証言と事実は、全く違っていた。

佐川氏の「すべて不動産鑑定にかけた価格で契約している」という証言は、今回の証人喚問での佐川証言の文字通り骨格をなしている。要約すれば次のようになる。

不動産鑑定士に鑑定してもらった金額であるので、「契約金額は今でも適正である」「金額は適正であるため、政治家は関与することなく担当者で処理した」もちろん「官邸からの関与もない」

ところが、契約金額は、不動産鑑定士が鑑定した鑑定価格から、国交省が算定した価格を差し引いた価格で決められていたのである。

国交省の算定、八億円の撤去費がかかる二万トンのごみが問題になっているときに、その算定さえも不動産鑑定士によって算定されたものだと言い張っていたのである。
明らかに事実と違っていた。偽証罪での国会での追及は避けられない。

【まとめ】

佐川氏の証人喚問における証言は、五五回も訴追のおそれがあると証言拒否をしながら、一番肝心な契約価格のところで、偽証罪に問われる「すべて不動産鑑定にかけた」との虚偽発言を行っていた。

これまでの国会での質疑、やり取りの中で、値引の八億円の価格算定をなぜ専門家である不動産鑑定士に頼まなかったのかという質問に、国交省は、頼む時間的余裕がなく、大阪航空局自体その道の専門家であるため、問題ないと釈明してきた経緯があった。

そのことを知っている佐川証人の「すべて不動産鑑定にかけた」という発言であっただけに、国会議員の多くも、算定は大阪航空局がやったが、それを不動産鑑定士に承認してもらったという意味であろうと解釈したのではないかと考える。そこで念のために調べた結果、本文中で示したように、財務省の資料と更地価格を鑑定した山本不動産鑑定事務所の鑑定結果（資料7―3）によって、ごみの撤去費用は官邸から除外されていたことが分かった。

佐川氏の改ざん問題での刑事訴追の行方は、見送られるのでは等の話が流れているが、この国会証人喚問での偽証の事実は、動かせない。

国会としては偽証罪で訴える必要があると考える。

また佐川氏だけでなく関連役人が、背任と公文書毀棄罪などで、検察特捜の捜査、立件から逃れたとしても、市民団体による検察審査会への訴えの道が残され、この問題の真実追及はまだ進められることになろう。

※1　会計検査院の報告書（112頁〜113頁）には下記の記載があった。

① 不動産鑑定士が大阪航空局の算定が「推測に基づくものが含まれていて調査方法が不動産鑑定評価において不適当である」と指摘していたこと。

② 一億三四〇〇万円は近畿財務局の意見価格でしかなく「評定価格を定めないまま、それを予定価格として決定した」

③ 近畿財務局は「国有財産評価基準で求められている評価調書の作成を失念し、評定価格を定めておらず……評価事務の適正を欠いている」

第八章

国交省も
ごみの混入率を改ざん

朝日新聞のスクープによって、財務省による契約決裁文書の改ざんが、大きく問題になる中、森友問題での改ざんが、財務省だけではなかったことが分かった。改ざんは、埋設ごみの混入率（ごみの割合）の改ざんも行われていた。

第二回目の埋設ごみの算定を担った国土交通省（国交省）大阪航空局が、八億円掛かる二万トンのごみの算定計算をするにあたって、三メートル以深のごみの混入率を、三メートルより浅い部分の混入率を使い、かさ上げ偽装していたのである。

森友問題の核心点が、当初の算出時点で、真っ赤な偽物だったことが動かぬ証拠で分かった。

この件では、国が算定した三メートル以深の二万トンのごみを仮装するために、「トラックで何千台も走った気がするという言い方をしてはどうか」と、理財局が森友学園側弁護士に口裏合わせを働きかけたことを認めたことに加え、さらに国交省大阪航空局が算定するにあたり、ごみの積算量を増量依頼していたことも、一八年四月十二日付朝日新聞が一面トップで報じた。実際に埋設ごみが推定通りにあれば、口裏合わせや増量要請は必要ないはずである。

今回明らかになった改ざん偽装によって、埋設ごみ二万トンの計算は、これまで指摘してきた深さ問題に加え、ごみの混入率でも改ざん・偽装が分かり、二万トン算出の計算根拠は益々なくなったことになる。

改ざん偽装は、財務省にとどまらず、国交省でも行われていたことが分かった。会計検査院の報告の夜、国会議員のヒアリングに提出された国土交通省の提出資料から明らかになった（資料8―1）。

国交省の2万t算定で使った、ごみの混入率（47・1%）の問題

国交省、大阪航空局が、新たな埋設ごみが地下深く一万九五二〇トン、約二万トン存在すると推定した計算は、第二章の「資料2―4」で示したように、「面積」×「深さ」×「ごみの割合＝ごみ混入率」×「補正係数」×「比重」によって求めている。

森友学園の格安払い下げにとって、ごみの混入率がどのように大切な数値であったのかは、この計算式からも分かる。もしその混入率が、半分になれば埋設ごみの予測量が一万トン、一〇分の一になれば二〇〇〇トン、「ゼロ」であれば「ゼロ」となり大きく変化することで分かる。

この算出によって計算された埋設ごみ一万九五二〇トン、約二万トンの撤去に必要な費用は、国交省が会計検査院に報告したところによると「資料8―2」のように八億一九七四万円と示さ

資料8-1　国土交通省提出資料
（会計検査院の検査結果発表日の夜）

1

1/21+(資)

2017・11・22

国土交通省提出資料

近畿財務局管財部
統括国有財産管理官　殿

販空補第　１７　号
平成２８年４月１４日

大阪航空局空港部
補　償　課　長

不動産鑑定評価について（依頼）

大阪府豊中市野田町1501番に所在する財産に係る下記について、別添のとおり報告しますので不動産鑑定評価に反映方よろしくお取り計らい願います。

記

1．地下埋設物撤去概算額について

2．軟弱地盤について

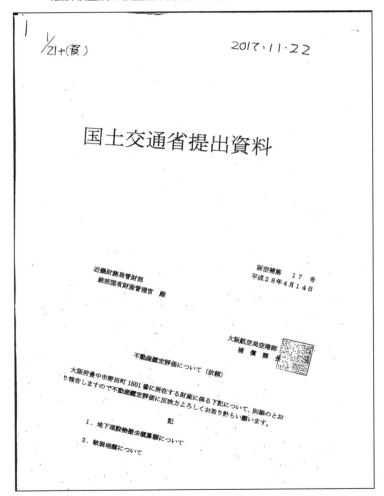

資料8-2　深部の埋設ごみの撤去料
（国交省算定－会計検査院報告）※1

項目	ごみの量（t）	単価（円/t）	費用（万円）
処分費用	1万9520	2万2250	5億5534
作業・備費用			2億6440
総計			8億1974

れている。

実際に差し引かれた分は、この八億一九七四万円に諸雑費を加え、八億二二〇〇万円としている。これらは、あくまで国交省大阪航空局が机上で算定した推定量であるが、その中でごみの混入率が、重要な計算上のファクターであることが分かる。

そして国交省が使用したごみの混入率は四七・一％、約五〇％という数字データが、いかに荒唐無稽であるかは、国会の論議でも問題になった。五〇％に基づいて算出された約二万トンのごみを取り出すためには、約四万トンの廃棄物混合土（ごみと土壌混じりの土）を掘削して掘り出したことになる。その四万トンの掘削土を一〇トントラックで運び出すとすると四〇〇〇台のトラックが必要になる。

これが、国会での「四〇〇〇台のトラックで運び出した」のやり取りのもともとの根拠となっていた。

「資料8—3」は、一六年初頭から始まった森友学園の小学校建設の基礎部分の掘削工事をほぼ終えた時の状況図である。写真左下の校庭に掘削した土砂が積み上げられ、ビニールシートがかぶせられている。したがって国交省が想定したように二万トンの埋設ごみが在るとすれば、ここに積み上げられている掘削土の中にあると考えられる。

「資料8—4」は、そのビニールシートから少し顔を出した積み上げられてた土砂の様子を撮影したものである（この時期は、森友問題が意識される一年以上前であり、この貴重な写真を撮影した木村市議の臭覚には脱帽する）。

「資料8—4」は、五〇%混入していたとされる廃棄物混合土が積み上げられた写真であるが、ただの土砂でしかなくごみが混入している様子は見えない。専門家に感想を聞くと、ごみが混じっているように見えないと語り、笑いながら手に収めることができる位の土壌の中に、五〇%位のごみを混ぜ、どのようになるか見なさいと教えられた。

国交省の提出した一覧表から、出典は「報告書（二〇一〇）」

三メートル以深の深部に五〇%ものごみが混入されているという推定は、何を根拠にして出されていたのか？

資料8-3　森友学園　小学校建設のための基礎部分の掘削中
2016年5月23日（木村真撮影）

資料8-4　森友学園校庭に積み上げられた廃棄物混合土
2016年5月23日　口絵11参照（木村真撮影）

もと住宅地の地下を掘っていくとごみがザクザクと見つかるというのだろうか。そんなことはあり得ない。

国交省は、国会議員の求めに応じて、二万トンを算出する計算方法を示していたが、そこで使用している埋設ごみの混入率、四七・一％の数値が、どのような資料に基づいて計算したのかを明示することは無かった。

ところが、一七年、会計検査院の検査結果が国会に報告された発表当日（十一月二十二日）、野党の求めに応じたヒアリングで国土交通省が配布した資料「国土交通省提出資料」（資料8―1）に、この四七・一％の根拠を示す一覧表（資料8―5）が添付されていたのである。

その一覧表には、掘削番号が、三二から五九番号まで二八カ所それぞれの埋設ごみの混入率が示されている。そして、確かにこの二八カ所の平均値を計算すると混入率は四七・一％である。

ところが、この二八カ所のデータは、一〇年に大阪航空局が同用地の調査報告書（以下「報告書（二〇一〇）」）（※1）で調査した数字データを原本にし、写し替えていたことが分かった。

この「報告書（二〇一〇）」は、第二章の「※3」として紹介している報告書であり、同じ用地を地中レーザ探索器で調査した上、約三メートルの深さまでの浅い部分、盛り土層部分に埋設ごみがある場所をキャッチし、調査をしたものである。埋設ごみの痕跡のある六八カ所を試掘し、

資料8-5　埋設ごみ混入率(国交省提出)と原本の混入率
地下埋設物調査における解析結果（混入率）

国交省提出資料				報告書「2010」
掘削番号	掘削土量(㎥)	埋級物量(㎥)	混入率(%)	混入率(%)
32	16.9	6.2	36.6	36.5
33	14.0	9.3	66.4	66.5
34	18.7	10.0	53.4	53.5
35	16.2	10.1	62.3	62.2
36	18.2	12.5	68.6	68.5
37	11.8	8.1	68.6	68.6
38	11.0	7.1	64.5	64.4
39	13.1	7.2	54.9	54.8
40	13.1	9.7	74.0	74.2
41	12.6	5.4	42.8	42.5
42	13.4	5.6	41.7	41.9
43	11.4	6.0	52.6	52.6
44	19.6	4.2	21.4	21.7
45	15.9	4.6	28.9	28.8
46	15.9	8.6	54.0	54.4
47	19.0	12.2	64.2	64.3
48	17.2	6.2	36.0	36.3
49	14.0	5.2	37.1	36.9
50	13.1	5.3	40.4	40.6
51	11.5	4.8	41.7	41.5
52	11.6	5.6	48.2	48.1
53	11.4	4.4	38.5	38.5
54	13.1	4.2	32.0	31.8
55	13.1	4.5	34.3	34.3
56	11.4	5.2	45.6	45.8
57	15.1	4.2	27.8	27.9
58	14.1	4.5	31.9	31.9
59	17.0	8.7	51.1	51.0
平均			47.1	47.1

その時の埋設ごみの様子を詳細に報告した調査報告書である。

今回の一覧表のデータ（番号三二から番号五九）と「報告書（二〇一〇）」の同じ番号を比較すると、ごみの混入率は〇・一〜〇・四％程度数値を変えているものの、ほぼ同じであり、一覧表のデータは「報告書（二〇一〇）」から引用したことは明らかであった。ちなみに、原本である「報告書（二〇一〇）」の二八カ所のデータも、平均値は四七・一％である。しかも何かの都合で、ごみの混入率をわずかずつ変えているのである。出典は「報告書（二〇一〇）」と分かった。

3mまでの浅い部分のごみの混入率を、深い部分の混入率と偽る

「報告書（二〇一〇）」の調査対象は、約三メートルまでの浅い部分の地層の状態である。しかしこれを今回の三メートル以深の深いところのごみの混入率とすれば、大きな偽装になる。

より具体的に見てみると、「資料8―6」は、「報告書（二〇一〇）」に記載されている「掘削番号」に対応した「混入率」「確認埋設物の状況」についての記載個所である。その記載内容を見ると、例えば掘削番号三二では「混入率」が三六・五％、「確認埋設物状況」として次のように記載されている。「〇〜一・五メートル：礫混じり砂（Coガラ多い）一・五〜三・〇メートル：廃材・ゴミの層（木材、生活用品など）異臭あり　三・〇メートル付近：粘土　底部に水なし」。また掘削番号

資料8-6　「報告書（2010）」記載のデータ

跡地番号	掘削番号 No	内容	掘削土量 ㎥	地下埋設物量 ㎥	換算重量 t	混入率 %	確認埋設物状況
OA301	29	掘削土量	22.8				0～1.5m：礫混じり砂（Coガラと廃材が混在） 1.5～3.0m：粘土 底部に水なし
		コンクリート		0.4	0.8	1.5%	
		廃材・ゴミ		3.2	5.8	14.1%	
	30	掘削土量	15.4				0～1.0m：礫混じり砂（Coガラ点在） 1.0～3.0m：シルトから徐々に粘土に 底部に水なし
		コンクリート		0.1	0.1	0.4%	
	31	掘削土量	3.2				0～0.9m：礫混じり砂（Coガラ多数） 底部は土間コンクリートで内部に水溜り
		コンクリート		1.9	4.3	58.0%	
		土間コンクリート		1.03	2.4	31.7%	
	32	掘削土量	16.9				0～1.5m：礫混じり砂（Co廃材多い） 1.5～3.0m：廃材・ゴミの層（木材、生活用品など）異臭あり 3.0m付近：粘土 底部に水なし
		廃材・ゴミ		6.2	11.1	36.5%	
	33	掘削土量	14.0				0～1.0m：礫混じり砂（Coガラ点在） 1.0～3.0m：廃材・ゴミの層（木材、生活用品など）異臭あり 3.0m付近：粘土 底部に水なし
		廃材・ゴミ		9.31	16.8	66.6%	
		コンクリート		0.01	0.03	0.1%	
	34	掘削土量	18.7				0～0.5m：礫混じり砂（Coガラ点在） 0.5～3.0m：廃材・ゴミの層（木材、生活用品など）異臭あり 3.0m付近：粘土 底部に水なし
		廃材・ゴミ		10.0	18.0	53.5%	
		コンクリート		0.2	0.4	0.9%	
	35	掘削土量	16.2				0～1.0m：礫混じり砂（Coガラ点在） 1.0～3.0m：廃材・ゴミの層（木材、生活用品など）異臭あり 3.0m～：粘土 底部に水なし
		廃材・ゴミ		10.1	18.1	62.2%	
		コンクリート		0.16	0.4	1.0%	
	36	掘削土量	18.2				0～0.5m：礫混じり砂（Coガラ多い） 0.5～3.0m：廃材・ゴミの層（木材、生活用品など）異臭あり 3.0m～：粘土 底部に水なし
		廃材・ゴミ		12.5	22.4	68.5%	
		コンクリート		0.5	1.2	2.9%	
	37	掘削土量	11.8				0～1.0m：礫混じり砂（Coガラ点在） 1.0～3.0m：廃材・ゴミの層（木材、生活用品など）異臭あり 3.0m付近：粘土 底部に水なし
		コンクリート		0.1	0.2	0.6%	
		廃材・ゴミ		8.1	14.6	68.8%	
	38	掘削土量	11.0				0～0.2m：礫混じり砂（Coガラ） 0.2～2.5m：廃材・ゴミの層（木材、生活用品など）異臭あり 2.5～3.0m：粘土 底部に水なし
		コンクリート		0.1	0.2	0.6%	
		廃材・ゴミ		7.1	12.8	64.4%	
	39	掘削土量	13.1				0～0.2m：礫混じり砂（Coガラ） 0.2～2.5m：廃材・ゴミの層（木材、生活用品など）異臭あり 2.5～3.5m：粘土 底部に水なし
		コンクリート		0.11	0.25	0.8%	
		廃材・ゴミ		7.20	13.0	54.8%	
	40	掘削土量	13.1				0～0.5m：礫混じり砂（Coガラ） 0.5～3.0m：廃材・ゴミの層（木材、生活用品など）異臭あり 3.0m付近：粘土 底部に水あり
		コンクリート		0.04	0.10	0.3%	
		廃材・ゴミ		9.7	17.5	74.2%	
	41	掘削土量	12.6				0～0.5m：礫混じり砂（Coガラ点在） 0.5～3.0m：廃材・ゴミの層（木材、生活用品など）異臭あり 3.0m～：粘土 底部に水あり
		コンクリート		0.1	0.2	0.6%	
		廃材・ゴミ		5.4	9.7	42.5%	
	42	掘削土量	13.4				0～1.0m：礫混じり砂（Coガラ多数） 1.0～3.0m：廃材・ゴミの層（木材、生活用品など）異臭あり 3.0m～：粘土 底部に水なし
		コンクリート		0.1	0.2	0.7%	
		廃材・ゴミ		5.6	10.1	41.9%	

三五は六二・二％で、「〇～一・〇メートル：礫混じり砂（Coガラ点在）一・〇～三・〇メートル：廃材・ゴミの層（木材、生活用品など）異臭あり　三・〇メートル～：粘土　底部に水なし」。

このように、深さ三メートルまでのところには廃材・ごみがあることを示しながら、二・五メートルより深い三メートル付近の深さでは、ほぼ一様に粘土との記載がある。そして三メートル以深の地下には埋設ごみは無いとなっている。

また例外的に記載されている四カ所についても、深さ一・〇～三・二メートルもしくは三・三メートルの範囲で廃材・ゴミが存在するとし、三・三メートル付近は、粘土との記載がある。「報告書（二〇一〇）」では、埋設ごみがあるのは三メートル（もしくは三・三メートル）より浅い部分となっている。三メートル以深の深いところには、埋設ごみは例外的にしかないのである。

つまり、大阪航空局は、「報告書（二〇一〇）」に掲載されていた深さが地表から約三メートルまでの浅い、盛り土層の部分のごみの混入率を、三メートル以深のごみの混入率として偽り、ごみの混入率が四七・一％だとして発表してきたことが分かった。

地下埋設物調査における解析結果（混入率）」（資料8―5）として一覧表にまとめた時には、三メートル以深の埋設ごみの混入率のデータとして改ざんしていたのである。

もともと第二章の地層調査資料でみたように、地表から三メートル以内は盛り土層や埋土層で

資料8-7　土壌改良事業と埋設ごみ（0〜3m）の撤去費用（※2）

土壌改良事業内訳	除染土壌と撤去ごみ量	費用（円）	業者
除染	1088.6トン	4865万	中道組
埋設ごみの撤去	953.1トン	9364万	同
総計		1億3229万	同

あり、三メートル以深になると堆積層になり、埋設ごみの混入はほぼゼロとなる。

埋設ごみは、浅い部分の盛り土層から排出され、深いところの堆積層からは出てこないことが分かっているなかで、浅い部分のごみの混入率を今回の三メートル以深の混入率とすることは許されない改ざん・偽装行為といえる。

そして一覧表に転載する時に「報告書（二〇一〇）」の混入率をそのままではなく、少しずつ変えたのは、上記の偽装の意図があってのものであろう。犯罪に直結する改ざん・偽装といえる。

1回目に撤去したごみの撤去費用を二重払いの疑い

この「報告書（二〇一〇）」は、二〇一〇年の調査報告書である。新たな埋設ごみが、この「報告書（二〇一〇）」に基づき、作成されていたとするともう一つ大変な問題がある。

国と森友学園は、二〇一五年五月二十九日に貸付契約を締結し、そのすぐ後の七月から土壌改良工事（ヒ素と鉛の重金属汚染の除染と埋設ごみの撤去）に入り、同年十二月には終了していた。その時の埋設ごみの撤去量と撤去費用は下記の「資料8—7」の通りである。

そしてこの費用一億三二二九万円（その内、除染が四八六五万円、埋設ごみの撤去費用が九三六四万円）は、森友学園が、請負委託した中道組に仮払いし、その費用を国に請求し、翌年二〇一六年四月六日に国から支払いを受けている。

それは、貸付契約書契約書の五条にこの「報告書（二〇一〇）」他四件の調査報告書を明記し、そこに記載された埋設ごみを撤去した時には除去費用を「有益費」として国が支払うことを第六条に明記していたからである（※2）。

ところで、その際撤去した埋設ごみ量は、九五三・一トンであり、実は「報告書（二〇一〇）」に詳細に記載されていた浅い部分に埋設されていたごみである。

したがって、「報告書（二〇一〇）」に記載されていた埋設ごみは、すでに第一回目の撤去工事で除去されていると見てよい。

振り返って、第二回目の埋設ごみの推計は、「報告書（二〇一〇）」に記載されていたごみでしかないとすれば、すでに取り切っている埋設ごみを計算上二重に撤去するという、国有財産を損なう不法行為を行っていたといえる。

【まとめ】

今回明らかになった「国土交通省提出資料」によって、ごみの混入率「四七・一％」の数字の根拠が「報告書（二〇一〇）」にあることが分かった。

その痕跡を隠すために「報告書（二〇一〇）」から数値データを引用するにあたって、数値データの改ざんを行っていた。

しかも「報告書（二〇一〇）」埋設ごみの混入が見つかっている表面から浅い部分―盛り土層の調査を行ったものであり、そのデータを、今回求めようとした三メートル以深の深部のごみの混入率とする改ざん・偽装を行っていた。

森友問題の核心中の核心である新たな埋設ごみが二万トン在ったという点は、当初の計算時点で、このように偽装されたものであったことが分かった。

そしてなお、これだけの改ざん・偽装に蛇足的な報告になるが、二点付け加えておきたい。

①四七・一％は、「報告書（二〇一〇）」の平均値でもなかった。

「報告書（二〇一〇）」では、試掘の前に「地中探索レーザで調査し、地中埋設物があると判断した個所について、地下埋設物の形状、材質、埋設量などを把握するために試掘した」とあり、その試掘個所が六八カ所であった。

その六八カ所の報告データを見ると、埋設ごみの種類として、「コンクリート」「廃材・ゴミ」「ヒューム管」「基礎コンクリート」、今回二八カ所ピックアップしたのは、「廃材・ゴミ」がある個所であり、その内三一カ所中混入率の高い二八カ所をピックアップしていた。

つまり、ごみの混入率四七・一％は、「報告書（二〇一〇）」のデータを適当につまみ食いした値でしかなかった。価の高い適当なつまみ食いは、ごみ量をかさ上げするために行われた不法行為である。

②「報告書（二〇一〇）」のごみの混入率を算定式に使うことの誤り

「報告書（二〇一〇）」では、ごみの混入率は、下記のように計算している。

地下埋設物量（㎥）÷掘削土量（㎥）＝ごみ混入率

地下埋設物とは、「コンクリート」「廃材・ゴミ」「ヒューム管」「基礎コンクリート」などのごみのことである。したがってここで言う「ごみの混入率」は、レーザ探索してごみが確認された個所のごみの混入割合でしかない。

ところが今回の三メートル以深の新たなごみ量の計算で使っている算定式は、

「面積」×「深さ」×「ごみの割合＝ごみの混入率」×「補正係数」×「比重」

となっていて、ここでのごみの混入率は、土地全体の中でどれだけ埋設ごみが在るかという割合でのごみの混入率である。

「報告書（二〇一〇）」で調べた対象は、森友学園が後に購入する全用地（八七七〇平方メートル）である。第一回目の埋設ごみの撤去工事で、その全エリアを約三メートルまでを掘削し、九五三トン、約一〇〇〇トンの埋設ごみを取り出している。

これを下記のように計算し、ごみの混入割合を算出すると二・五％である。

掘削した全土壌量は、全容積×比重＝八七七〇×三×一・六＝四二〇九六となる。これを約四万トンとし、ごみの混入率を計算する。ごみの混入率＝埋設ごみ量÷掘削土壌量で求めると、ごみの混入率＝一〇〇〇トン÷四万＝二・五％となる。

　このように撤去に八億円掛かるとした二万トンの計算は、さまざまに改ざん偽装されていたことが分かる。

第九章　総まとめ

筆者が森友問題にかかわるきっかけとなったのは、月刊誌「紙の爆弾」編集部に月刊誌の読者である国会議員のN秘書から電話があったことから始まった。森友問題で情報交換したい、貴誌のライター、ジャーナリストを紹介してほしい、ということであった。中川編集長から、私を紹介したい旨の連絡がきた。

早速、N秘書に連絡したが、秘書活動は忙しく、電話に出るのもままならない様子であった。何度も連絡して、議員会館の事務所に向かいN秘書が保有していた関連資料、いまから考えると「報告書（二〇一〇）」を入手したことが始まりであった。

そして一年以上経過した。今も森友の報道は続いている。異例の長さである。

翻って千年に一度という東北大震災と津波による大災害。それに加えて福島第一原発事故。この時も二〇一一年三月十一日より約半年は、事故、特に原発事故関連の話題は、メディアで連続的に取り上げられた。しかし一一年九月以降は、大きく話題の中心から引いて行くことになった。

しかし森友問題は、途中で加計問題が前面に出て、「モリ・カケ」問題となったが、一年以上も話題は途切れることなく大手メディアでも報道が続いている。

市民の興味がなくなれば、メディアも取り上げなくなるのか？　それともメディアとの相互作用なのか？　市民が森友問題に注目し続けていることが、話題が続く最大の要因であるようだ。その意味で森友問題について、継続的に告発し、訴え続ける市民の皆さんのたゆまぬ活動に感謝したい。

そしてその根っこにあるのは、国による真実に蓋をするあまりにひどいやり方である。そのために、いつまでたっても核心点が見えないことが、話題の継続性を支えているのでは？　と筆者はかんがえている。

これを解決するには、核心点である埋設ごみの有無について、無かったという真実が、市民の中に広く流布することである。埋設ごみは無かったと話をすると、驚く反応が返って来るのではなく、「あたりまえでしょう」という反応が返ってくるようにしたい。

必要ない何度もの埋設ごみ撤去

本書で紹介したように森友学園問題の核心点である撤去に八億円かかる埋設ごみ二万トンは、すでに無かったことが分かっている。

本書では、各章でその点を詳細に述べてきたが、俯瞰して見ると一番の問題点は、なぜこのごみの撤去を二度も行ったのか国から説明が行われていないことにある。

埋設ごみの撤去に関する概略経緯は、「資料9―1」のようである。

まず一五年、賃貸契約中に、森友学園用地では、第一回目のごみの撤去を土壌改良工事として実際に行っている。

その時には、校舎建設に際して九・九メートルの基礎杭を約三八〇本打ち込むことは分かっていたはずであり、もし杭打ちに邪魔になる埋設ごみが地下にあるのなら、なぜ第一回目の時に一緒に除去しなかったのか、ということである。

八億円の撤去費がかかる二万トンのごみは、第二回目のごみの撤去に当たり、国（国交省）がデスクワークで想定した算定結果である。

ところが、国はその八億円を、実際に売買価格から差し引き、一億三四〇〇万円で払い下げ、売却したのである。その結果、値段の上では、埋設ごみによる費用の算定は、二度にわたって行われたのである（資料9―1）。

しかし、埋設ごみの撤去を二度にわたって実行するにあたっては、国は一回目のごみの撤去と第二回目のごみの撤去の違いを説明する必要があり、少なくとも二回目を想定する際には、第一回目のごみの撤去で、どのような撤去作業を行い、どれだけごみが撤去され、どれだけのお金を支払ったのかを、関連付けて説明する必要があった。しかしそれらは行われていない。というよ

資料9-1　埋設ごみ撤去の経緯

2015年5月29日	国と森友学園との賃貸借契約
同年7月〜11月末	土壌改良工事（除染と第一回目の埋設ごみの撤去） <中道組>
2016年1月〜	藤原工業（株）、小学校建設着手
3月11日	新たな埋設ごみ見つかる
3月24日	国、2回目の埋設ごみの算定を国交省が行うことに
6月20日	国と森友学園、売買契約

り隠されてきた。会計検査院の検査報告も、その点の整理は行われていない。

通常、民間企業に限らず国や地方自治体などの行政機関も、予算に限りがある。

したがって、同じ森友学園用地の埋設ごみの撤去という事業にお金を出すとしたら、当然第一回目の報告を確かめ、その上で、二回目の埋設ごみの撤去についてその必要性の検討を行い、計画や算定をすすめる。

第一回目のごみの撤去の内容は「資料8―7」に示したが、筆者らが調べたところでは、埋設ごみは地表三メートルまでを掘削し、撤去した埋設ごみ量は、中道組の産廃マニフェストから約九五三トンだったことが分かっている。

国は貸付中であったため、森友学園が中道組に土壌改良工事を直接、請負委託し、そこでかかった金額一億三二二九万円を、森友学園に「有益費」として支払っている。この支払いを急がせるために籠池氏は、昭恵夫人に依頼し、秘書の谷査恵子氏が財務省に働きかけた経緯は、よく知られている。支払いは二〇一六年四月六日に行われた。

第一回目のごみの撤去によって、約九五三トン、約一〇〇〇トンのごみが撤去されているこの情報を、国が最初から明らかにしていれば、第二回目の二万トンの想定は、その二〇倍にもあたり、誰もが疑問に思ったであろう。

過去の同用地の調査報告書では、地表から三メートルまでは、盛り土層や埋土層（以下盛り土層等）といわれ、埋設ごみはその浅い層には散在していたことが分かっている。

第一回目の埋設ごみの撤去は、その一番ごみが集積している盛り土層等を掘削して掘り出したものである。ところが第二回目の想定は、地下深部にその二〇倍ものごみが在るというものである。

国（国交省大阪航空局）の算定結果は、深いところに行けば、ごみが大量に出てくるという想定であり、その場所が、もともと廃棄物の処分場があったとでも考えない限り成り立たないものである。

もちろん用地は、もともと住宅地だったところであり、そのような想定は成り立たない。第一回目のごみの撤去実態を報告していれば、二万トン想定の誤りはその場で正されたであろう。また数々の疑問が噴出したであろう。

このように見てくると、一度行っていた埋設物の撤去を、二度目も行うということ自体、根拠がなく大問題だったといえる。

しかも、地下深部にあるごみ二万トンの撤去料が八億円もかかるとする想定自体、通常の事業感覚や市民感覚からいっても納得できる説明とは程遠い。この想定自体、科学的な算定ではなく、森友学園に格安で払い下げるための政治的な企画・算定でしかなかったことが指摘できる。

そこで次に、国が論理的に説明できないまま進めた「地下深部にごみが二万トン在る」という想定の科学的な検証を算定式と地層の点からまとめる。

では、国の想定（以下、国の仮説）は、どの点で間違いがあったのかを、ここで再度整理報告したい。〈その1〉〈その2〉は国の仮説の矛盾点の総まとめであり、そして三メートル以深から実際に排出された埋設ごみの量を示す産廃マニフェストについて報告する。

国の仮説の科学的な検証――〈その1〉算定式の間違い

計算式の間違いは、地下深部のごみの量を算定するのに「表面積」と「深さ」を掛け、土壌の容積を計算し、その上で「ごみの混入率」を掛けて、ごみの総容積を出し、比重をかけて埋設ごみの総重量（トン）を出す計算をしていたが、二つの点で間違っていた。

深さの計算をするにあたって、九・九メートルと三・八メートルの数値を使っていたが、すでに第一回目のごみの撤去によって、三メートルまでの埋設ごみは撤去しており、数値は（九・九―三）メートル、（三・八―三）メートルでなければならなかった。

またごみの混入率は〇・四七一、つまり四七・一％の数字を使っていたが、その後、この混入率の数値は、二〇一〇年に作成した「報告書（二〇一〇）」に記載された三メートルまでの浅い深さを掘削した時のデータであり、新たに見つかったとされる三メートル以深のごみの混入率ではなかった。

またこの算定式については、会計検査院の報告書でも、「九・九メートル」「三・八メートル」「〇・四七一」の二万トンを計算した数字に根拠がなかったことが報告され、国会でも確認された。それに加えて八億円の計算のための撤去ごみの処理単価自体も根拠がないと指摘された。

このように国の仮説は、計算上全く根拠がないことが、会計検査院からも指摘されていた。

国の仮説の科学的な検証――〈その2〉地層の調査報告書からも根拠がなかった

国の仮説は、一六年三月十一日、森友学園（藤原工業㈱）から連絡があったとする、深部にごみが在ったという報告に基づき、何カ所か試掘したところごみが出たという業者の報告によって想定したことが分かっている。

国（国交省）が、独自に調査したものではないことが、国会でも確認されていた。つまり、全く業者任せだったことが分かった。ところが、業者の代理人である弁護士や設計業者は、ごみが無いことを知っていて、その件を国に報告するかどうかの話をしていた経緯も明らかになっている（第四章）。

では、国は、二万トンの埋設ごみが在ると算定するにあたって、その土地が、「一度ごみを撤去した後に、その地下深部（三メートル以深）に埋設ごみが在る」という国の仮説を裏付ける地層調査報告書を持っていたのであろうか？　そのような確認作業を怠っていたことが分かっている。

それどころか、国が過去に調査したり、入手した報告書は、以下のように三点あったが、そのどの調査報告書にも、地下深部の堆積層に埋設ごみが在るとするものはなかったのである。

①仮称M学園新築工事　地盤調査報告書　（一四年十二月）

②平成二十三年度　大阪国際空港豊中市場場外用地（OA三〇一）土壌汚染深度方向調査

業務報告書　作成一二年二月　国交省大阪航空局作成
③平成二十一年度　大阪国際空港豊中市場場外用地（野田地区）地下構造物調査報告書（ＯＡ三〇一）」作成　一〇年　国交省大阪航空局作成

②と③の資料は、国交省作成の資料であり、①の資料は特別に国交省から許可を取りボーリング調査したものであった。
つまり、〈その1〉で述べた算定に当たり、国（国交省）は、地層的に三メートル以深には、ごみが無いと知っていながら計算を進めていたわけである。

したがってもともと無いと分かっていた中での算定であったために、〈その1〉のように適当に計算していたといえる。

この点については、一八年五月二十三日、会計検査院も、国会での国土交通委員会での川内博史議員の質疑で「新たな地下埋設物が在ったということを確認したわけではない」と答えている。

このように国による仮説が破たんしていった経緯は、本書の中でも確認してきた通りである。

産廃マニフェストによる決定的な証拠・事実

国の仮説は、算定式、そして裏付けとなる調査資料によっても破たんしていた。したがって通常ならば、これだけの事実で、国の主張に根拠がないことが分かり、今回の格安払い下げが、国家財政を損なうものであったことが分かっていたといえる。

ところが、国は事実を隠し、処理が適正だと言い続け、国会での論議を逃げ続けた。

しかし本書の中で詳細に述べたように、事業活動に伴って排出される産業廃棄物は、産廃マニフェストで報告しなければならず、その報告書が、今回の問題の最後の検証の窓口であった。

その点でも国交省は、建設に伴って排出した産廃は、一九四・二トンでしかないこと、それは二万トンの一〇〇分の一でしかないことを認めたのである。

しかもその産廃マニフェストで示した一九四トンは、「新築混合廃棄物」であり、埋設ごみは、ゼロであった。

この報告書は、一六年四月一日から一七年三月三十一日までに森友学園の建設用地から排出された産廃について、記載されている。藤原工業自身は、一六年当初から校舎建設事業に当たり、その過程で掘削した土壌は、校庭予定地に青いビニールシートをかぶせ、積み上げてきた。一七年初頭にあったそれら土壌は、一七年三月十二日には撤去されている。したがって、もしそこに埋設ごみが混入されていたとすると、この産廃マニフェストの記録として報告されるはずである。

それが無いということは、積み上げられていた土壌の中に、埋設ごみが一トンも無かったことになる。

そして校舎は完成していることから、校舎の建設に邪魔となる埋設ごみは、すべて撤去されているはずであり、それらが無いことから結局、もともと掘削した土壌には、埋設ごみは無かったことになる。

国の仮説のおかしさは、算定式、そして裏付けとなる地層図から批判してきたが、産廃マニフェストの報告内容からも実証されたことになる。

一つひとつのファクトが織りなす驚く事実

国は、本来行ってはいけない埋設ごみの二度にわたる撤去作業の費用負担をその必要性の検討もなく行ってきたことが分かった。

その結果、豊中市への払い下げの時の対応と比較すると、一〇倍の値段差があることを平気で放置し、貸付は行わないと言いながら、森友学園には貸し付けている。

同用地の調査報告書という面で見ると、第二章で指摘した三点の調査報告書に加え、会計検査院の調査で分かった「鑑定評価書（二〇一二年七月）」を加え、地層的に三メートル以深の深部の堆積層の部分には、埋設ごみが無いことが分かっている。そしてこの土地では、三メートルの深さまでの埋設ごみの撤去に八〇〇〇万円位しかかからないことも報告されていた。

このように一つひとつの資料と事実が示すものは、意識的に三猿「見ない」「言わない」「聞かない」を演じなければ、今回の格安払い下げを国（財務省、国交省）は出来なかったという結論が見えてきた。

ごみが無いのに、在るとしてただ同然に値引き、国有財産に損害を与える行為は、財政法違反であり、不法行為である。

その上、これだけのファクトがっ揃っていれば、犯罪行為の立証は避けられない事態となるであろう。なぜ法の下に公明正大に職務をすすめなければならない役人が、このような不正に走ったのか？

改ざんは、第七章、第八章で詳しく記載したが、国家を揺るがす行為であり、盗人が検察官を務めるようなばかばかしいことは、早々に打ち切り、国会が中心になって調査委員会を発足させるべきである。

改ざんの舞台となった森友学園、そして加計学園問題、いわゆる「モリ・カケ」問題は、このまま放置し、うやむやにすれば、おそらくまじめに働く者は、日本にはいなくなるであろう。

そんな危機感を抱きながら、まず八億円の埋設ごみは、無かったことを皆さんに情報としてお届けする。

今回提供した情報を基に、次への行動は、皆さんが相談しながら進めていただきたい。

【まとめ】

一つの嘘が次の嘘を生み、雪だるまのように転げ落ちながら、次々と嘘を生み出していく。嘘をついた人物が責任ある高い地位にいればいるほど、その影響は社会と国に大きな影響を与えることが分かった。そして現場では、その矛盾や葛藤を背負い込むことになり、森友学園問題の場合、情報の廃棄や改ざんに絡んで担当職員に死者まで出ている。

「資料9―2」は、二〇一八年五月二十三日、財務省が、新たに国会に提出し、ホームページにも公開した四〇〇〇ページに上る文書の山である。五分冊に加え、資料を含めて六冊に上る。佐川財務省前理財局長が廃棄されたと語ってきた交渉記録だけで、一分冊約一〇〇〇ページに上る。一三年六月から一六年六月まで、森友学園が本件用地の購入に手を挙げ、格安売却契約を行うまでの関連資料である。

三月の改ざん文書の公表直後、国会からの要望もあって、麻生大臣の指示の下、理財局以外

2018年5月23日、新たに提出された4000ページの文書。

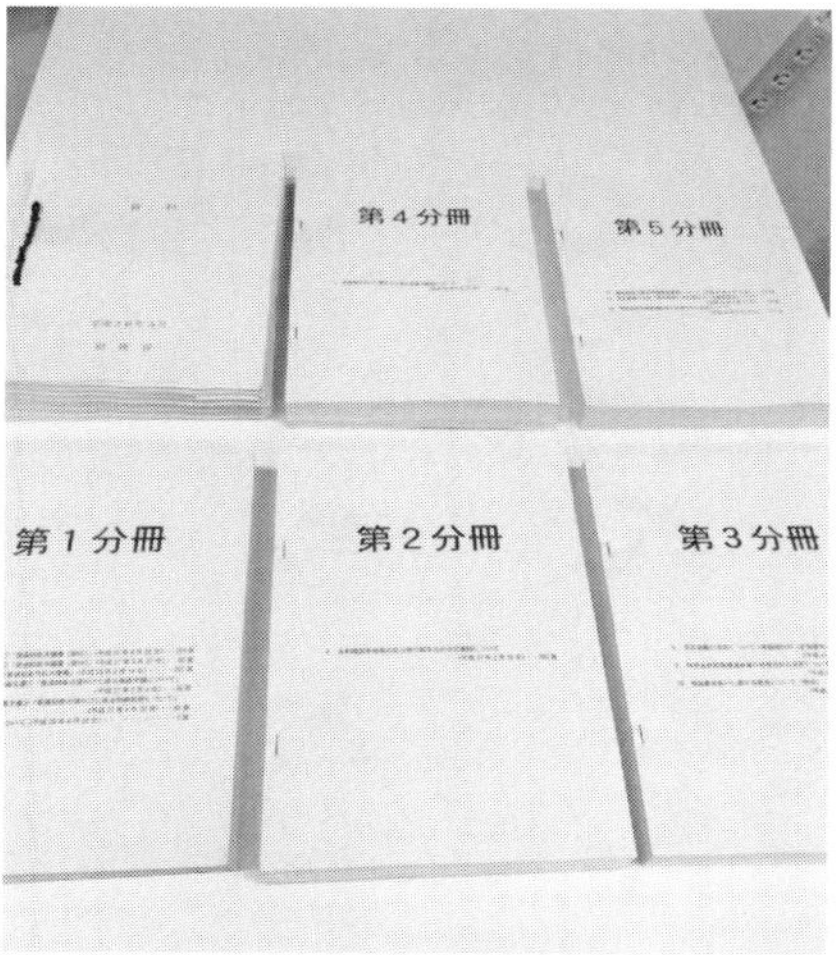

資料9-2（その１）

資料9-2（その２）

の部署を含め、財務省で他に「書き換え」がなかったか調査することになった。そのような文書はないだろうという観測も流れたが、約二カ月の調査で報告されたのが、今回の四〇〇〇ページに上る文書である。

財務省は、数年間で約一〇〇〇件の国有財産の払い下げを行っている。もちろんそれら一件ごとにこれと同じ手続きや時間をかけることはありえない。したがって、山積みになっている膨大な新資料が、何よりも森友学園問題が、国にとっていかに特別な案件であったかを示している。

交渉記録の多さは、窓口となった国が、丁寧に対応し、多くの時間をかけたことを表している。それを〝うるさく〟〝しつこい〟籠池氏のせいにしてしまうことはもちろんできない。それならば、国に要望を出す際に、〝うるさく〟〝しつこく〟迫っていけば、より要望が実現できるということになる。

また一時期流行語になった〝忖度《そんたく》〟した役人によって、格安払い下げが実現したというのも、本書の読者ならば首をかしげるであろう。すでに個人が忖度したというレベルを超え、組織的な事件の領域に入っている。

今回の新たな文書は、廃棄したことにされた文書を、担当者が個人的に持っていたり、関連自治体とのやり取り文書などを整理して入手したという。

その結果、重要文書が廃棄されていたり、これまで国会答弁では否定されてきた昭恵さんの関与を示す文書——昭恵夫人付き谷秘書官のメモ「（学園側から）優遇を受けられないかと総理夫人に照会があり、当方からお問い合わせさせていただいた」という文書や小学校が「安倍晋三記念小学校」として、認識され取り扱われていたことを示す近畿財務局職員と大阪府の職員とのやり取り記録なども見つかっている。

本書では、新たな埋設ごみなどないのに、どのようなトリックを使い、森友学園に国有財産を格安で払い下げるに至ったかを、事実に基づき明らかにしてきた。そして、理屈を超えた、政治的な関与や圧力がない限り、無いものを在るとして払い下げることは、到底できないという結論に至ったが、そこに飛び込んできたのが四〇〇〇ページの公文書であり、その文書からは、昭恵夫人の関与の事実は、動かぬ事実として明らかになっていたのである。

首相による縁故者への便宜供与、これは国家の私物化であり、それがどれだけ社会を歪め、嘘が嘘を呼ぶ国・政府をつくってきたかの実態は、埋設ごみの在る無しを整理して、本書で明らかにしてきた。改ざん問題と今回の新文書公開で明らかになった新事態を受けて、会計検査院の再検査報告、そして背任罪や公用文書毀棄罪での検察特捜部への訴えの行方、そして国会での調査と責任追及。

本書でまとめたものを、そうした場面で利用していただくことを、再度お願いしてまとめとしたい。

一八年五月三十一日、大阪地検特捜部は、森友問題を巡る一連の問題で、告発されていた財務省関係者ら三八人全員の起訴を見送った。各紙報道する中で、読売新聞は「大阪地検『捜査尽くした』、森友問題不起訴」と見出しを打ち、「……国有地売却に関する値引きや決裁文書の改ざんの経緯などの核心部分の説明は避け、告発人らは『起訴しなければ不信感が増幅するばかりだ』と不満を示した」と報じた。朝日は「不起訴に告発者『検察の忖度』財務省職員『予想通り』」毎日新聞は、「森友問題：佐川氏ら不起訴『忖度』疑惑、未解明のまま」等といずれも今後に問題を持ち越す様子を明らかにした。

特捜部は、記者会見の中で、核心点であるごみの撤去費について、「撤去費の清算は不適正とはいえない」としたうえで、「職員らに国に損害を与える意図があったとは言えない」とした。本書を読まれてきた読者の皆さんは、「捜査を尽くした」割には、本件核心点へのずさんな判断の下での「不起訴であった」ことがお分かりになるであろう。

すでに告発状を提出した市民団体が、検察審査会に訴える旨を表明している。司法判断は、検察審査会に移ることになる。そこでももちろん本書の報告を活用していただきたい。

あとがき

私は、本書の「はじめに」で、理系の環境ジャーナリストと自己紹介したが、最近は主に、月刊誌「紙の爆弾」やネットのニュースサイトＢＪ（ビジネスジャーナル）で、情報提供させていただいている。

もともと、大手の時計会社の研究開発に従事し、発明、発見に係わってきた。今、皆さんがお持ちの腕時計の金属バンドの留め金やエコドライブという太陽電池時計を通してすでにお付き合いしている方もいらっしゃるのではないかと思う。

ダブルプッシュ式と言われる留め金は、留めるとロックがかかり、外すのは親指と人差し指でプッシュボタンを両方から軽く挟むと外れ、エコドライブは、文字盤を透過する光で作動する太陽電池式の腕時計。これらを、世の中に提供し、普及させる一員として働いた。

留め金は、爪の弱い女性にも優しい仕様であり、太陽電池式は、使い捨ての電池を使わない環境にやさしい製品であり、当時、時計会社として、開発課題が見えなくなる中で、使用者、つまりユーザの目線に立って、使いやすさと環境というテーマで課題を見つけて実現したものだった。

今回の森友問題を追跡・取材する中でも、理系的というか、科学的・批判的に真実に迫るという点と、ユーザ目線、つまり国民目線や生活目線で物事に迫っていく上で、過去の経験は、取材の上で役に立ったように思う。

閑話休題。では理系というのは何だろう？

文系のトップ記者の場合も、行政や権威が発表した数字には、弱い。その数字をそのまま信用したり、そのまま使い、事件の背景や物事を組み立てている。

しかし、理系、私が知る研究者のほとんどは、数字が出てくると「その根拠は？」と尋ねる。経験的には、「数字」を示されて、「そこで終わる」と「そこから始まる」の違いが、文系と理系の違いとして理解している。


今回の森友問題でも、本文中でも示したが、数字や算定式が次々と出てきた。
・同じ履歴の土地なのに、なぜ一〇倍もの価格差があるのか？
・算定式で、表面積と深さを掛けて容積計算をするときに、一度撤去した三メートルまでの深さを差し引かず、なぜそのままの深さ「九・九メートル」や「三・八メートル」を掛けて計算するのか？
もちろん「(九・九―三) メートル」と「(三・八―三) メートル」が正しい。小中学生でも指摘できる間違いである。

今回の森友の格安払い下げ問題。理系ならずとも疑問に思う点が、このように多かったはずである。

神は細部に宿る。小さな問題に見えて、説明すればだれもが納得する算数上の間違いである。この間違いを認めさせれば、格安払い下げという核心への疑問の扉が開かれたはずではと考えていた。

ところが、私が知る限り、大手メディアではこの点での追跡取材や報道がなかったように思う。なぜ？　ぜひ聞いてみたい点である。

科学的分析の観点からすれば、最大の問題は、国が出した結論、盛り土層のその下の三メートル以深（以上の深さ）に、混入率が五〇％ものごみの層が六〜八メートルにわたって存在し、地下深くからごみがザクザクと出てくる想定だった。

これを調べて行くと、この地域の地層では、三メートル以深になると堆積層となり、太古から自然の浸食作用の中で形成された地層であることが分かった。これまでの数々の調査でも、そのような地層から貝殻は出ることがあっても、ビニールなどの生活ごみは出ていない。

では、最後の可能性として、誰かが深い穴を掘って埋め立てた、つまり不法投棄の可能性はないのか？

これもデスクワークの上での可能性はあるようにみえるが、実際にはない。不法投棄は、利害得失の考えの下に行われる。もともとそこに深い穴や谷があり、人眼がさえぎられている雑木林の中などそのまま投棄できるから大きな利益を生む。

森友学園の場合、住宅地の跡地であり、三メートル以深にごみを投棄するためには、土留めの杭を打ち、深い穴を掘り、そこに投入したごみの上から三メートルにわたって土を埋め、余った土を運びださなければならない。大変なコストと時間がかかる。時間がかかれば、見つかる可能性が高くなる。逮捕される可能性の高い不法投棄など誰もやるメリットがない。従ってもと住宅地であり、近隣の目のある場所の、地下深部に穴を掘って埋める不法投棄など一〇〇％ないといってよい。

今回の森友学園問題の核心点は、深部に埋設ごみが無いのに、二万トンも在ったことにし、それを理由に格安に値引いたことにあった。もと住宅地の跡地の、三メートル以深にごみの層があるという想定は、このように自然科学や社会の基本ルールに沿って見ていった時、無理筋だったことが分かる。

森友学園問題は、日本の最強官庁である財務省が、上から下まで関わり、そして国交省も協力する省庁をまたぐ連係プレイの中で、国有財産を損なう払い下げが行われていた。その事実を隠すために、役人たちは、公文書を廃棄し、虚偽の発言を行い、公文書の改ざんまで行ってきた。

その、国による大掛かりな隠ぺい工作の中で、現場の一つの良心は、心を痛め、昨年から仕事を休みがちになり、今年朝日新聞のスクープによって改ざん問題が持ち上がる中で、自死したといわれている。

国有財産を損なう行為が、犯罪行為であるばかりか、一つの命を奪い去ったのである。

本書では、隠されていた事実を一つひとつ明らかにし、動かぬ犯罪行為の事実を突き止めた。ではだれが、何のためにこのような犯罪行為を進めていったのか?

会計検査院の再検査や国会での特別委員会、検察による捜査に期待したい。

国のトップが、自分の縁故者のために国有財産を安く払い下げさせる。国家を私物化する行為である。その私物化のもと、役人たちから本来の役割と平常心を奪い、死者まで出してきた。責任を問うとともに、二度とこのようなことが起きないように、本書を提供する。

権力の暴走は、メディアの監視によって防ぐことができる。

なお、この森友問題に取り組み、ネット社会と旧来のアナログ社会での情報の取り扱いの違いを大きく感じた。本書は、ネット上に一〇回以上にわたって、筆者が発信してきた情報をまとめたものである。産廃マニフェストの件では、日刊ゲンダイなどが取り上げた情報を含め、五〇〇万検索を超え、ネット上では知られていた情報である。しかしアナログ社会の新聞、週刊誌、TVで取上げられなければ、なかなか権力監視の力とならないようである。

ネット社会では、事実を報じることに加え、それをより多くの人に伝えること（＝拡散すること）が重要である、という価値観が共有されている。誰が報じたということに加え、どのブロガーが、それを取り上げ、紹介したかに注目する時代に入っている。拡散は、情報を盗むのではなく、情報を多くの人に広げてくれる手段となっている。

ところが、アナログ社会では、誰が最初にスクープしたかにこだわり、他人が手を付けたニュースを追いかけることは潔しとしていない。読者からすれば自分が購入している新聞やチャンネルを回すTV番組で、必要な情報が報じられないことの方が問題である。

例えば理系の学会では、既存の技術情報をいち早く入手し、その情報を紹介したうえで、自分があらたに発表する技術がいかに優位性を持つものであるかを報告し、参加者に問う形をとっている。技術の積み上げが、本当に社会の役に立つ発明を産む母体となっている。

なぜ権力を監視するメディアの中でそのような形がとられていないのか？ 多くのユーザに事実を知らせる。他社がスクープした情報でも、そのことを紹介しながら、自分たちの独自性を積み増し工夫する。大手メディアは、縄張り争いから一歩抜け出し、ネット社会でのメディアとして生き残る道を探ってほしい。

理系の記者を現場に配置する。経験豊かでディベート力を持った記者を配置する。情報探索のために、ブロガーと提携する。ぜひ権力監視できるメディアとして脱皮していただきたい。

最後に本書の発行に際して、この問題への取り組みにご協力いただいた多くの国会議員や秘書の皆様、市民団体の皆様に感謝したい。

特に今回の森友問題を発掘し、さまざまな情報と写真を提供していただいた木村真豊中市議と外山麻貴さんにお礼申し上げたい。

市民団体「森友告発プロジェクト↓森友・加計告発プロジェクト」（共同代表藤田高景、同田中正道他）の皆さんに、発表の場を与えてくださったお礼を申し上げ、事務局サポーターの小泉恵美さんからは、さまざまな情報の提供と問題発掘のヒントをいただいた。市民団体「健全な法治国家のために声を上げる市民の会」（代表八木啓代）さんにも、貴重な情報をお教えいただいた。

またこの問題でのユーチューブ作成に協力いただいた映画評論家の前田有一さん、藤下綾子さん、ユープランの三輪裕児さん、ＩＷＪのユーチューブ作成に協力いただいた増山麗奈さん、天野統康さん、岩上安見代表に感謝したいと思います。また、ユーチューブの「八億円のゴミはなかった」を一早くブログで紹介いただいた和歌山の金原徹雄弁護士にも大きく励まされました。感謝いたします。。

また本書の編集にご協力いただいた藤宮礼子さん、西坂和行さん、本書発行にご尽力いただいたイマジン出版株式会社にお礼申し上げたい。

4月22日	近畿財務局、山本不動産鑑定士事務所に依頼
5月31日	山本不動産鑑定士事務所、「不動産鑑定評価書」を近畿財務局に提出、更地価格のみ鑑定。新たな埋設ごみの算定（大阪航空局）は鑑定除外
6月20日	近畿財務局にて売買契約締結。契約金額（1億3400万円） ＝鑑定価格による更地価格（9億5600万円） —大阪航空局が算定した撤去費用（約8億円）
2017年2月8日	木村真豊中市議ら開示を求めて訴え
同	ＴＶ大阪、ＮＨＫで報道
2月9日	朝日新聞報道——全国に伝わる
2月17日	国会で首相発言「私や妻がかかわっていれば議員辞職する」
3月10日	学校認可申請、取り下げ
3月16日	籠池氏100万円寄付発言
3月23日	籠池氏証人喚問
5月	市民団体、公文書毀棄罪と背任罪等で東京地検特捜部に告発
7月7日	産廃マニフェスト発表
7月31日	籠池夫婦逮捕
9月15日	東京地検特捜部、市民団体の告発受理
11月22日	会計検査院検査結果報告
同	国土交通省提出資料（国会議員にレクチャーで提出）
同	財務省「資料」提出。
2018年3月2日	朝日新聞、書き換え疑惑をスクープ。財務省は6日に返答すると答弁
3月5日	国交省、書き換え前の決裁原本の所持を財務省に報告
3月6日	財務省、ゼロ回答
3月7日	自公幹事長も文書提出請求（近畿財務局の職員が「自殺」）
3月8日	財務省、再度ゼロ回答
3月9日	佐川氏、国税庁長官を辞任
3月10日	財務省、書き換えを認める
3月12日	財務省、14文書約300カ所書き換えを報告
3月27日	佐川氏証人喚問
5月23日	財務省、新たな資料(4000ページ)公表。交渉記録約1000ページ
5月31日	大阪地検特捜部、佐川氏ほかの財務省職員への背任罪や公文書毀棄罪の立件を行わないことを発表

【巻末資料】

国有地（森友学園用地）をめぐる経緯

1974年	伊丹空港周辺に係る騒音対策区域として指定。以後住民の求めに応じて土地の買い入れを行い、大阪航空局の行政財産として管理
1993年	騒音区域の解除（1989年3月）を受けて、普通財産化
2009年～12年	大阪航空局において、土壌汚染調査を実施(土壌汚染--鉛、ヒ素、廃材、コンクリートガラ等の地下埋設物発覚)(☆印)
☆2010年1月	「平成21年度　大阪国際空港豊中市場外市場（野田地区）地下構造物状況調査業務報告書（OA301）　国土交通省大阪航空局」＝「報告書（2010）」
☆2012年2月	「平成23年度大阪国際空港場外用紙（OA301）土壌汚染深度方向調査業務報告書　大阪国際空港補償部」＝「深度報告書」
2010年3月	豊中市隣接地を公園用地として購入(14億2300万円)
2012年3月	大阪音楽大学、購入希望（約７億円）
7月12日	近畿財務局鑑定評価書（森井総合鑑定株式会社作成）
	鑑定額9億300万円、埋設ごみの撤去工事費用：8,437万円
7月25日	大阪音楽、大学買い受け断念
2013年6月	公用・公共用の取得（売却）要望の受付開始
9月	森友学園、取得要望書提出
2014年12月	（仮称）M学園小学校、新築工事地盤調査報告書
2015年1月27日	大阪府私立学校審議会が学校法人として条件付き「認可適当」
2月10日	国有財産近畿地方審議会が森友学園に貸し付け、売却「処理適当」
5月29日	貸し付け契約「有償貸し付け契約書」締結（売り払い前提の特例処理）
７月～12月	土壌改良（埋設ごみ＆除染）工事。3mまでの深さの埋設第1回目のごみ撤去と5カ所の重金属汚染の除染。代金１億3176万円
2016年3月11日	3m以深に新たな埋設ごみが見つかる
3月14日	近畿財務局、大阪航空局及び現場関係者と現地確認
3月24日	森友学園、本地購入連絡
3月30日	近畿財務局から大阪航空局に地下埋設物の撤去・処分費用について、見積もり依頼
4月6日	第1回目の土壌改良工事に伴う工事費（有益費）を支払う
4月14日	大阪航空局から近畿財務局に、地下埋設物の撤去・処分費用の見積もり(約8億1900万円)を報告

青木 泰（環境ジャーナリスト）

元大手時計メーカー研究所勤務。中途退職後、中小企業の技術顧問をしながら、「廃棄物の焼却処理による大気汚染等の環境影響」や「資源リサイクル問題」等をテーマに著作や市民活動を重ねる。3.11後、汚染がれきの広域化問題の講演会や学習会で全国約１００箇所講演。「被災避難者支援」や「ごみ問題」で国会議員にも情報提供。

廃棄物資源循環学会会員。環境行政改革フォーラム（青山貞一主宰）会員。ＮＰＯごみ問題５市連絡会 理事長。

著作
『引き裂かれた絆―がれきトリック、環境省との攻防1000日』（鹿砦社刊）、『空気と食べ物の放射能汚染―ナウシカの世界がやってくる』(リサイクル文化社)、『プラスチックごみは燃やしてよいのか―温暖化を進めるサーマルリサイクル』(リサイクル文化社)

森友
ごみは無いのに、なぜ、8億円の値引き

発行日　2018年6月15日発行
著　者　青木　泰 ©
発行人　片岡　幸三
印刷所　倉敷印刷株式会社
発行所　イマジン出版株式会社
〒112-0013　東京都文京区音羽1-5-8
電話　03-3942-2520　FAX　03-3942-2623
ＨＰ　http://www.imagine-j.co.jp

ISBN978-4-87299-788-0　C0031 ¥926